GOLDMANN

Bayern braucht Wolpertinger! –

so der verzweifelte Aufschrei aller derjenigen, die Tradition und Brauchtum im weißblauen Freistaat pflegen und verteidigen. Denn der scheue Wolpertinger mit Gamskrikkerln, Hasenohren, Vogelkrallen und Bisamfell ist vom Aussterben bedroht. Dabei stellt das einzigartige Tier Zoologen und Ethnologen noch immer vor unzählige Rätsel. Einige wertvolle Exemplare des Urviehs vermitteln nun auch dem modernen Städter eine Vorstellung von dem mysteriösen Tier: Im Münchner Jagdmuseum sind die schönsten Trophäen zu besichtigen. In diesem Handbuch werden von einem Spezialisten, der weiß, wovon er spricht, alle wichtigen Informationen über Bayerns Wolpertinger vollständig wie nie zuvor zusammengetragen.

Der Autor, Alfons Schweiggert, Jahrgang 47, selbst Altbayer, ist Münchner Turmschreiber und hat bereits über 20 Bavarica verfaßt, also Bücher, die eine bayerische Thematik haben. Er war fünf Jahre lang freier Mitarbeiter beim satirischen Monatsmagazin »Pardon« und verfaßte auch rund 40 Kinder- und Jugendbücher, für die er zweimal auf der Deutschen-Jugendbuchpreis-Bestliste zu stehen kam. Einen Großteil seiner Bücher illustrierte er selbst. Lesungen im Bayerischen Rundfunk und im Fernsehen zeigen auch stets sein Bemühen um die Erhaltung bayerischen Brauchtums. Der Autor ist Präsident des Wolpertinger-Vereins 1860 n. e. V. (= nicht eingetragener Verein).

Außer dem vorliegenden Band ist von
Alfons Schweiggert
als Goldmann Taschenbuch erschienen:

Wortschatz für zünftige und künftige Bayern. (8424)

Alfons Schweiggert

DAS ENDGÜLTIGE Wolpertinger Handbuch

GOLDMANN VERLAG

Originalausgabe

Illustrationen von Alfons Schweiggert

Der Goldmann Verlag ist
ein Unternehmen der Verlagsgruppe Bertelsmann

Made in Germany · 6/88 · 1. Auflage

Umschlaggestaltung: Design Team München
Umschlagbild: Guido Pretzel, München
Satz: Fotosatz Glücker, Würzburg
Druck: Pressedruck Augsburg
Verlagsnummer: 8997
Lektorat: Ulrike Kloepfer
Herstellung: Peter Papenbrok
ISBN 3-442-08997-2

Inhalt

Kaum ein Tier zeigt sich in so vielfältiger Erscheinung und gibt so viele Rätsel auf wie der Wolpertinger. Das Jagdmuseum in der Münchner Fußgängerzone ist das einzige Museum der Welt, in dem ständig eine Sammlung von rund 30 prachtvollen, bayerischen Wolpertingern zu sehen ist. Aber nicht genug damit. Etwa alle zwei-drei Jahre wird dort eine eigene Wolpertingerausstellung mit vielen bemerkenswerten Exponaten um dieses wundersame bayerische Wesen gezeigt, die stets unzählige begeisterte Besucher aus Nah und Fern anlockt.

Um so erfreulicher ist es, wenn sich auch die Literatur immer wieder erfolgreich des heimlichen bayerischen Wappentiers annimmt, wie es in diesem sehr ernsthaften „endgültigen Wolpertinger-Handbuch" geschieht.

Möge es in allen Wolpertingerfreunden neue Verwunderung und ergötzliches Erstaunen auslösen nach dem Motto: „Über den Wolpertinger weiß mancher vieles, aber keiner alles!"

Mai 1988

Horst Popp

Horst Popp
(Direktor des Deutschen
Jagd- und Fischereimuseums, München)

Kleines Wolpertinger-Lexikon A – Z, für alle, die noch nix wissen

Was ist ein Wolpertinger?
Es handelt sich um sehr scheue Pelztiere in der Größe eines Marders oder Iltisses, die als solche ausschließlich in Bayern beheimatet sind. Ihr Fell ist eine Mischung aus einem Marder-, Dachs-, Iltis- oder Bisamrattenfell. Mit Hasenohren, Gamskrickerln (Gehörn einer Gemse), Eichelhäherflügeln, Biber- oder Eichhörnchenschwanz, den Vorderfüßen von Enten und den Hinterfüßen von Buntspechten sind sie sofort zu erkennen. Besonders auffallend sind die hervorstehenden Wildschweinhauer und die gelb leuchtenden Augen.

A

Alpertinger, ein in den Alpen vorkommender Wolpertinger.

B

Bayern, Urheimat des Wolpertingers.

Biberschwanz, häufiger Endfortsatz bei Wolpertingern.

Bisamratte, deren Felleigenschaften im Wolpertingerbalg nachweisbar sind.

C

Crisensus crisensus, auch crisensus bavaricus, lateinische Namen der Wolpertinger, die zum Ausdruck bringen, daß sich diese Tiere von Anfang an in einer Krise befunden haben.

D

Dachs, Tier, dessen Körperform vom Wolpertinger übernommen wurde, worauf der Dachs noch heute stolz ist.

E Entenfüße, Eichelhäherflügel, Eichhörnchenschwanz, charakteristische Merkmale bei reinrassigen Wolpertingern.

F Felpertinger, auf Äckern und Feldern hausender Wolpertinger.

Flupertinger, die heimatlichen Flüsse bewohnender Wolpertinger.

Flepertinger, ausgestorbene Wolpertingerart, die Fledermausflügel besaß.

Fett, vom Wolpertinger gewonnen; dem, der es genießt, verleiht es (Mannes-)Kraft.

G Gepertinger, im Gebirge, meist Hochgebirge vorkommender Wolpertinger.

Gemseneier, Lieblingsnahrung der → Alpertinger, → Gepertinger.

Gamskrickerl, das Gehörn von Gemsen, ein auffallendes Merkmal auch vieler Wolpertinger.

H Hasenohren, Gelausche des Wolpertingers.

I Iltiskörper, Grundform des Wolpertingerleibes.

J Jagd nach dem Wolpertinger, die mit einer Bienenwachskerze, einem Kartoffelsack und einem Grabspaten unternommen wird. Veraltete Methoden sind: die Jagd mit der Holzkeule und mit der starren Astschlinge, ebenso das Schießbeil. Neueste Fangmethoden sind die von Prof. Rothern Stel erfundene WOFAZU (= Wolpertinger Fang- und Zuchtmaschine) und das vom Deutschen Jagdschutzverband (Wolper-AG) entwikkelte NAWOFA (=Nato-Wolpertinger-Fanggerät).

Jägerlatein, Sprache, die dazu befähigt, wissenschaftlich tiefer in Sein und Wesen des Wolpertingers einzudringen.

K

Kreis oder Kreißl, das; wird als Zweitname des Wolpertingers verwendet, da er sich wegen des kurzen rechten Hinterlaufes kreisförmig fortbewegt.

L

Literatur über den Wolpertinger ist im Anwachsen begriffen. „Alles über den Wolpertinger“ und „Auf zur Wolpertinger-Jagd – Ein bayrisches Jagdspielbuch“ von Alfons Schweiggert sind als grundlegende Werke anzusehen (beide erschienen im Ludwig Verlag, Pfaffenhofen a. d. Ilm 1982 und 1988). Es gibt noch ein paar andere Bücher, die sollen aber selbst für sich Werbung machen.

M

Museum, Ort, in dem allenthalben Wolpertinger in ausgestopftem Zustand zu bewundern sind, z. B. Jagdmuseum, München.

N

Nachttier, Tier, das vor allem nachts aktiv wird wie der Wolpertinger, worauf seine weit aufgerissenen, leuchtend gelben Augen hinweisen.

O

Odeldrüse, Stinkdrüse des Wolpertingers, die bei Gefahr mechanisch eine übelriechende, schwer zu entfernende Flüssigkeit ausspritzt und zur Abwehr von hartnäckigen Feinden dient.

P

Preußen, auf welche die bayerischen Wolpertinger nicht besonders gut zu sprechen sind, von einigen wenigen Ausnahmen abgesehen.

Präparatoren, die verstorbene Wolpertinger dauerhaft ausstopfen, genießen in Bayern besonders großes Ansehen.

Q **Quatsch**, für den leider viele heute immer noch den Wolpertinger halten und sich dadurch an Bayerns Nationalheiligtum Nr. 1 bösartig versündigen.

R **Rehbockhörndl**, Geweih des Rehbocks, aufgeteilt in Spießer, Gabler und Sechsender, auf das Wolpertinger in den Tälern zurückgreifen, wenn ihnen keine → Gamskrickerl zur Verfügung stehen.

S **Seepertinger**, in bayerischen Seen schwimmende Wolpertinger.

Speichel des Wolpertingers, ein in Bayern viel verwendetes Haarwuchsmittel bei Männern und Frauen, das für die häufig zu beobachtende starke Körper- und Gesichtsbehaarung der hier lebenden Eingeborenen verantwortlich zeichnet.

T **Trachtenvereine**, Gruppierungen, die danach trachten, mit Tänzen und besonderen Kleidungsstücken, Tracht genannt, Wolpertinger anzulocken und zu fangen, aber damit auch deren plötzlichen Angriffen geschickt auszuweichen.

U **Urwolpertinger**, vor etwa 100 Millionen Jahren existierende Erstform des Wolpertingers; sah auch dementsprechend aus.

V **Vereine**, die sich dem Wolpertinger widmen, gibt es nur einige, deren bekanntester der Wolpertinger-Verein, München 1860 n. e. V. (nicht eingetragener Verein) ist. Die Vereine sind eher als Geheimbünde zu bezeichnen, da sie heimlich im Untergrund wirken.

W **Walpertinger**, der im Wald sein Leben meisternde Wolpertinger.

Wipertinger, auf Wiesen lebender Wolpertinger.

Wiesel, Tier, dessen Wesen und Form sehr stark und ausgeprägt im Wolpertinger vertreten ist.

Wildschweinhauer, über die Unterlippe der Wolpertinger stehende, spitze, hauerartige Zähne, die ihm ein bedrohliches Aussehen verleihen.

Wunderspeichel, ⟶ siehe Speichel.

𝔛

X, Markierungszeichen der Wolpertinger, oft rot, an Waldbäumen zu entdecken, dient zur Kennzeichnung ihres Reviers.

𝔜

Ybbs, Nebenfluß der Donau; dort, wie an vielen anderen Orten, kein Wolpertingervorkommen feststellbar.

Yoghurt, gut gegen Wolpertingerbisse; lindert Vergiftungs- und Schmerzerscheinungen; in Bayern deshalb in allen Haushalten vorrätig.

𝔷

Zähne des Wolpertingers sind kräftig und spitz, als Raubtier-Allesfressergebiß zu bezeichnen ⟶ siehe auch Wildschweinhauer.

Woher kommen die eigenartigen Namen Wolpertinger, Kreißl, Tappen und Tschungg?

Das große Herkunftswörterbuch des Duden gibt uns zunächst folgende Wortbedeutung zur Hand:

Wolper-,
Wolper = *Wolfer* = *Wolferl* = kleines wolfsähnliches Tier, zwar nicht so groß wie der Wolf, aber so gefährlich.
Wolf = *„der an sich Reißende und gierig Fressende".*
Wolp – erdinger = Wolferl bei Erding.
Erding = Platz der Sippe des Ardeo, der „erding", das heißt erdverbunden war.
Folper = der Foppende.
foppen = lügen, anführen, necken.

-dinger,
Ding = Gegenstand, Sache, Rechtssache, Rechtshandlung.
Dings = rätselhaftes, unklares Wesen.
Thing = Gericht, Volksversammlung, Versammlung, Zusammenkunft, Zusammenziehung; ferner:
Flechtwerk, Hürde, eingefriedeter Platz.
Dinger = als Mehrzahl sind es unbedeutende, geringe Sachen, auch Kinder und junge Mädchen.
Dingsda = unbekanntes Wesen, Mensch, Ort, Gegenstand.
Tinga (schwedisch) = bestellen, mieten.
dingen = (ver-)dingen, vertraglich gegen Lohn in Dienst nehmen.

Potschade Madlfetzazwirma
(in Stutzhaltung)

Kreißl *(auch Greiß)*,
kreißen = krischen, kreischen, gellend schreien, stöhnen, heulen.
Kreißl = der kleine Kreischende.

Tappen,
tappen = mühsam, unsicher tastend und ungeschickt gehen.
Tappe = Tatze, Pfote.
(er-)tappen = bei Verbotenem überraschen.

Tschungg
Tschusch = Fremder, Fremdartiger.
tsching = Klang eines Schlaginstruments aus Messing.
Dschungel = undurchdringlicher Urwald.
Dschunke = Segelschiff.

Aus diesen Wortgrundbedeutungen lassen sich nun unschwer die vier Namen des Wolpertingers etwa wie folgt erklären:

Der Wolpertinger ist ein Tier, das wegen seines reißenden, gierig fressenden Verhaltens mit dem Wolf verglichen wird, dem es zwar nicht in Größe und unmittelbar ähnlichem Aussehen, wohl aber in seiner Gefährlichkeit entspricht. Entdeckt wurde es in der Gegend des heutigen Erding von einem Mitglied aus der Sippe des dort ansässigen Ardeo, der wohl auch „erding", das heißt erdverbunden war. Da der Folperdinger folpernd, das heißt die Leute foppend, neckend auftrat, stiftete er große Verwirrung unter ihnen.
Die -dinger im zweiten Teil des Wortes weisen auf unbekannte, rätselhafte Wesen hin, die so unscheinbar sind, daß sie trotz häufiger Zusammenkünfte, die von diesen Wesen

als Rechtssache angesehen werden, und die auf bestimmten Plätzen stattfinden, wo sie sich hinbestellen, kaum wahrzunehmen sind, die aber auch (in ausgestopftem Zustand) vertraglich gegen den Lohn der Hochachtung und Wertschätzung als guter Hausgeist in Dienst genommen werden können.
Der Zweitname Kreißl (das Kreißl) entstand, weil der Wolpertinger gellend zu schreien pflegt, aufdringlich kreischt, stöhnt und heult, was man ihm bei seiner Kleinheit gar nicht zutrauen würde.

Der Drittname Tappen (der Tappen) weist darauf hin, daß der Wolpertinger wegen seines kürzeren rechten Hinterlaufes sich auf den Tatzen recht unsicher vorwärtsbewegt und nicht selten bei Verbotenem ertappt, das heißt überrascht wird.

Der Viertname Ischungg beinhaltet, daß das sogenannte Wesen uns fremd ist, in undurchdringlichem Dickicht, in urtümlichen Wäldern haust und metallen klingende Rufe ausstößt. Es versteht, im Wasser elegant wie ein Segelschiff zu gleiten, wobei es den Wind als Antriebskraft ausnützt. Es hebt zu diesem Zweck den buschigen Schwanz aus den Wellen und verwendet ihn wie ein Segel.

Alles einleuchtend, nicht wahr, so wird sich mancher denken, und doch ist es das erst, wenn man es richtig weiß.

Neues aus der Wolpertingerforschung – Ihn gab's schon, als es noch fast nix gab

War es Zufall oder sollte es so sein, daß gerade bei Ausgrabungsarbeiten für einen neuen Bierbrauereibetrieb im Süden Münchens das noch fast vollständig erhaltene Skelett eines Urwolpertingers gefunden wurde. Es läßt sich auf 320 Millionen Jahre zurückdatieren und stellt somit einen der ältesten Knochenfunde überhaupt dar. Wie Beppo Lattensteiner, Professor der Arscheologie, feststellte:
„Nia net hätt i des glabt, daß d'Woipatingaboandl so lang hoitn!" womit er meinte, daß er den Wolpertingerknochen nienicht eine so lange Haltbarkeit zugetraut hätte.

Original des 320 Millionen Jahre alten Wolpertinger-Skeletts, das nicht fotografiert werden darf, da es unter Blitzlichtbestrahlung sofort in seine Bestandteile oder gar zu Staub zerfallen würde.

Chemische Untersuchungen ergaben, daß in dem Knochenkalk eine Substanz eingelagert ist, die mit dem Namen: Niklozorrebineliziphikatrotodendroneloboremalhyldrakorrespondenzraprolorasindesinfektionsulfat, kurz NZERKHKRDS bezeichnet wurde, und seither nirgendwo sonst mehr aufgetaucht ist. War es dieser Stoff, der die Knochen so lange frisch hielt?
Fragen über Fragen wirft der Wolpertinger auf! Prof. Lattensteiner verglich deshalb die Wolpertingerforschung nicht zu Unrecht mit einer Wiese, die von unzähligen aufgeworfenen Maulwurfshügeln übersät ist und die mit die wenigen glattgestrichenen Antworten bisher nicht zu ebnen gewesen sei. Gewiß, ein hinkender Vergleich, aber besser gut gehinkt als lätschert geschlurft.

Prof. Beppo Lattensteiner,
rückblickend auf sein epochales Werk

Hat der Urwolpertinger so ausgesehen? Es ist anzunehmen, da der heute noch lebende Doiktritschla mit ihm eine große Ähnlichkeit hat. Sie dürften Verwandte ersten Grades sein.

Weitere Verformungen des Wolpertingers

Der gehörnte Hase

Konrad Gessner fand vor 420 Jahren anno domini 1557 den gehörnten Hasen, sozusagen einen frühen Wolpertinger. Gessner sammelte Trophäen und zeichnete seinen Fund auf eindrucksvolle Weise.

Spießer

Gabler

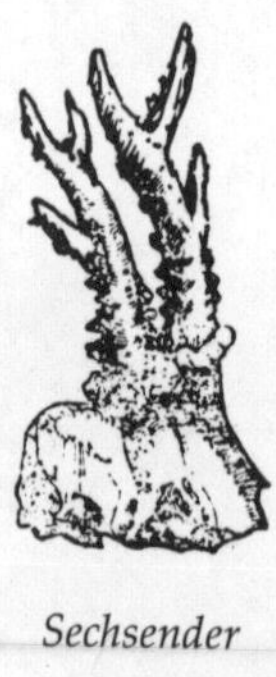

Sechsender

Kurze Zeit später entdeckte er einen teuflisch schönen Wolpertinger mit ausgeprägten Kennzeichen, also mit Flügeln, Gamskrickerln, zwei Paar Vogelfüßen, mit einem marderähnlichen Kopf und mit Hasenohren.

Die Tiere auf dem bayerischen Wappen sind also nie Löwen gewesen, sondern nur löwenstarke Wolpertinger, wie auch folgender alte Reim bezeugt:

Seit alters her im Bayernwappen
steh'n rechts und links zwei schöne Tappen.
Auch Wolpertinger heißen sie,
doch Löwen sind die beiden nie,
wie oft auf Wappen ist zu seh'n.
Kein Bayer wird das je versteh'n.

Wie ähnlich ist der bayrische Löwe (rechts!) doch dem Teufels-Wolpertinger! Zufall oder Bestimmung? Entscheiden Sie selbst!

Der Doppelhase

Vor 350 Jahren spürte Aldrovandi den Doppelhasen auf. Lassen wir den Entdecker selbst zu Worte kommen.

„Was meinen Sie, was ich nun fand? Vier Läufe hatte mein Hase unter dem Leib und vier auf dem Rücken. Waren die zwei unteren Paare müde, so warf er sich wie ein geschickter Schwimmer, der auf Bauch und Rücken schwimmen kann, herum, und nun ging es mit den beiden neuen mit verstärkter Geschwindigkeit fort. Nie habe ich nachher einen Hasen von dieser Art gefunden, und auch diesen würde ich nicht bekommen haben, wenn mein Hund nicht eine so ungemeine Vollkommenheit gehabt hätte."
Dieser Bericht wurde von einem gewissen Münchhausen aufgezeichnet. Die so angeordneten Beine ermöglichen es dem Tier also, im Falle einer Verfolgung mehrere Tage hintereinander ohne Pause zu fliehen. Aber nicht nur die Beine hat der Doppelhase in zwei Ausführungen, er besitzt auch zwei Paar Ohren und zwei Schwänze, weshalb nicht nur die Bayern bewundernd auf ihn schauen.

Die Bestie Wo

„Das allerschützlichest thier so geseyn mag/ Wo genannt in den neüwn landen.
Es ist ein ort in dem neüw erfundenen land/ welches ein volck einwonet Baijuwares in jrer spraach genent/ und diewyl das ort nit ser warm ist/ so bekleidend sy sich mit beltzwerck von einem thier/ welches sy Wo nennend/ das ist wasser/ auß ursach daß es der merer theil bey den wassern wonet. Ist seer röubig/ scheützlich wie diese gestalt ußweyßt. So es von den jegeren gejagt/ nimpt es seine jungen auff seinen ruggen/ deckt sy mit einem langen schwantz/ fliecht also davon/ wirdt mit greben gefangen und mit pfeylen erschossen."

Etwa 1740, also fast 200 Jahre nach Gessner, beschreibt so der bayerische Tierforscher Valentino Bayerstamm das Tier Wo. Er überliefert, im Süden des Bayernlandes lebe ein eigenarti-

ges Tier, das dadurch besonders auffalle, daß es seine Jungen bei Gefahr auf dem Rücken trage. Die Einheimischen versuchen es zu erjagen, um aus seinem Fell Kleidungsstücke, besonders Mäntel anzufertigen. Das Tier gleiche einem gehörnten Hasenmarder oder Marderhasen.
Einige Zeit später finanzierte eine preußische Zeitung eine Expedition, welche die geheimnisvolle Bestie, die bisher noch kein Norddeutscher erblickt hatte, aufspüren sollte. Die Forschung war aber so erfolglos, daß in der Zeitung schließlich nicht nur das Vorhandensein der Bestie Wo geleugnet wurde, sondern sogar die Möglichkeit einer Sage.

Der Fischgemsigeldackl

Als die Wolpertingerforschung noch in den Kinderschuhen steckte, hatte unser bayerischer Hellseher Karl Valentin eines Tages eine Vision.
Er sah im Garten seines Planegger Domizils ein seltsames Tier, das er sofort aufzeichnete und dem er den passenden Namen gab:
„Fischgemsigeldackelentenelsterschlangenhasenkarpfen-rollenhirschbartsaurus".
Der Kopf ist von einem Fisch (Hecht), die Hörner von einer Gemse, die Stacheln am Hals vom Igel, die krummen Beine von einem Dackel, die Vorderfüße von einer Ente, die Flügel von einer Elster, der langgestreckte Körper von einer Schlange, die Hinterläufe von einem Hasen, die Rückenflos-

sen von einem Karpfen, die Stimme dem Röhren eines Hirsches ähnlich, dazu bartähnliche Fortsätze am Schwanz, der einem Saurier gehören könnte. Zu den Rollen unter dem schweren, langen Schwanz meinte Valentin:
„Für d'Hinterfüaß is uns nix mehr eingfalln, da ham ma'n einfach auf a Radl g'stellt." Es handelt sich hier vermutlich um ein drittes, zusätzliches rollenartiges Beinpaar.

Es ist jedem einsichtig, daß sich der lange Name für dieses visionäre Tier, von dem wir heute wissen, daß es sich um ein besonders selten vorkommendes Exemplar des Alpen-Flupertingers handelt, natürlich nicht durchsetzen konnte. Die Forschung wies ihm dann auch den richtigen Namen „Wolpertinger" zu.

Der Wolpertingeropa

Im Valentin-Musäum ist heute noch ein Wolpertinger zu sehen, den Karl Valentin sofort dort ausstellen ließ, nachdem er einen gefangen und durch die Wissenschaft den richtigen Namen dieses Wesens erfahren hatte.
Die Bildunterschrift unter dem Schaukasten lautet:

„Original Wolpertinger. Ein seltenes Exemplar dieser Gattung, die nur in den Bayrischen Alpen vorkommt (sehr selten!)!"

Der in Klammern hinzugefügte Zusatz „sehr selten!" ist inzwischen traurige Wahrheit geworden. Diese Art des Wolpertingers ist seit acht Jahren tatsächlich ausgestorben. Die borstenartigen Tasthaare an der Schnauze weisen ihn als „voglwaidn Kleznbiffi" aus, auch die nach vorn geklappten Hasenohren sind für diese Art kennzeichnend.
Die etwas größere Art des „plattatn Kümmezuzlas", mit dem „voglwaidn Kleznbiffi" in erstem Grad verwandt, lebt heute noch in den bayerischen Alpen, steht aber unter strengem Naturschutz.

Reine Rasse – Erste Klasse

Infolge des unübersichtlichen Formenreichtums in der Familie der Wolpertinger erreichen das Bayerische Ministerium für Jagd und Forsten immer wieder Anfragen über die Grundform des bayerischen Wolpertingers. Mit ausdrücklicher Genehmigung sei hier der Wolpertinger in seiner reinrassigen Erscheinungsform abgebildet, auch wenn er heute nur noch selten so existiert.

Gemseneier frißt er gern

Immer wieder wird, selbst von einheimischen Hinterwäldlern, ganz zu schweigen von aus Norddeutschland stammenden Besserwissern, an der Existenz von Gemseneiern gezweifelt, wo es sich dabei doch um die Lieblingsnahrung von Wolpertingern handelt.

Gemseneier-Gelege.

Man beachte das exakt gebaute Nest.

Als einem dieser Zweifler, einem Flachlandtiroler, die Frage gestellt wurde: „Was ist denn dann die Lieblingsspeise der Wolpertinger, wenn es nicht Gemseneier sind?« schwieg dieser Agnostiker betreten. Außerdem weisen die Gamskrickerl bei den Wolpertingern der Bergwelt auf Vermischungstendenzen mit Gemsen hin. Und wo wäre die Gelegenheit dafür günstiger als direkt an den Gelegen? Obwohl dies ausreichende Hinweise für die Existenz von Gemseneiern sind, hier nun der mathematisch-wissenschaftliche Beweis, daß es Gemseneier gibt. Übrigens wurde dieser Beweis von Albert

Ein-Steins Urenkel Rudolf Zwei-Fels geführt, was die wenigsten wissen.

Behauptung: Es gibt Gemseneier, auch Gemsenkugeln genannt.
Beweis: a) Es gibt Gemsen.
b) Es gibt Gemsenjunge.
c) Die müssen ja irgendwo herkommen, zefix!
d) Sie schlüpfen aus Eiern.
Daraus folgt: Es gibt Gemseneier q.e.d. =
= quod erat demonstrandum =
= was zu beweisen war, oder:
zu demonstrieren brauchts da nicht viel!

Wie geht die Eiablage nun aber vor sich? Wenn die Geiß im Frühjahr keinen Bock mehr auf das Herumklettern in den Alpen hat, zieht sie sich in hohe, einsame Regionen zurück, um dort ohne Belästigung von Touristen ihre Eier ablegen zu können. Sie verliert sie, während sie kühne Sprünge nach vorne macht.
Bereits Ende April boxen sich die ersten Gamskitze mit ihren Huckelkrickerln durch die Schalen und schlüpfen aus. Schlotzt allerdings vor dem Schlüpfen ein Wolpertinger die Eier aus, entfällt die Geburt.

Bayern ist ein Wolpertinger

Jeder kennt die Grenzen des Freistaates Bayern, der sich in sieben Regierungsbezirke aufteilt.
Wer aber weiß schon, daß die Grenzlinien die Konturen eines

Wolpertingers haben? Zu diesem Zweck muß man natürlich die Karte entgegen dem Uhrzeigersinn etwa um eine dreiviertel Stunde rückwärts drehen – übrigens einmal ein Beweis mehr, daß in Bayern die Uhren tatsächlich anders gehen – und es wird sich einem folgendes Bild bieten:

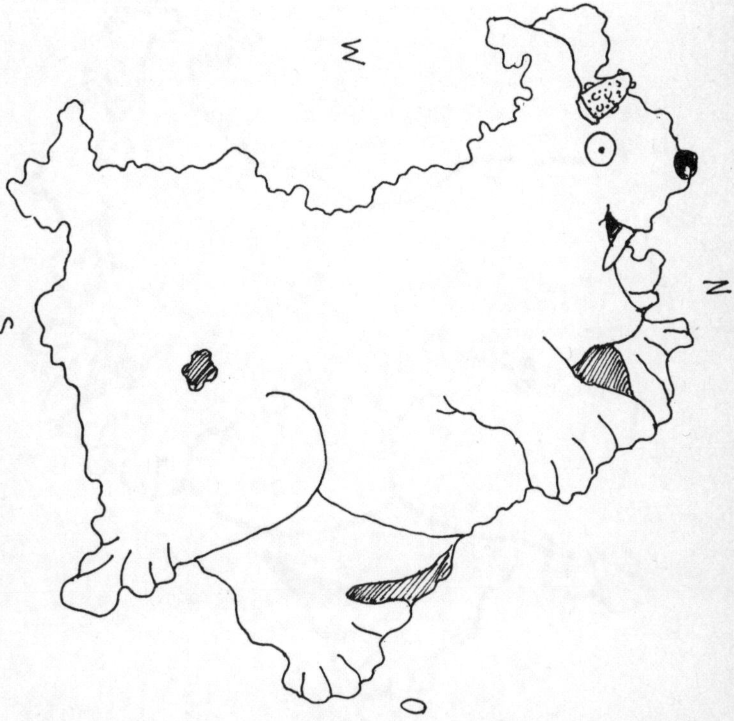

Unterfranken stellt den Kopf des Wolpertingers dar, Oberfranken die Vorderfüße. Im Oberbauch ist die Oberpfalz, im Unterbauch Niederbayern angesiedelt. Den Hinterteil des Tieres teilen sich Oberbayern und Schwaben, das Allgäu wäre demnach also im . . . . ., aber lassen wir diese Einzelheiten. Eines steht jedoch fest:

Bei diesem Bayern-Wolpertinger sind alle Merkmale gut zu erkennen, ganz gleich, ob es sich um die Hasenohren, die Entenfüße, den Marderkopf und das Rehbockgeweih – hier noch ein typisch bayrischer Spießer –, die Eckzähne oder die blitzenden Wieselaugen, etwa bei Schweinfurt gelegen, han-

delt. Lediglich der Eichhörnchen-Biber-Schwanz ist etwas in seiner Ausformung behindert, was nicht der Fall wäre, würde Österreich-Schweiz unser Bayernland nicht so hemmungslos nordöstlich abdrängen.

Aufdrahte Schnodabixliadara
(in Protzstellung)

Der Wolpertinger in der Zoologie

Um dem beharrlichen Schweigen des bekannten Frankfurter Tierforschers Bernhard Grzimek ein Ende zu machen, wandte ich mich mit einem unverblümten Brief an ihn.

Sehr geehrter Herr Prof. Grzimek,

als Tierexperte von Weltrang wissen Sie sicher auch über den in Bayern lebenden Wolpertinger Bescheid. Ich beschäftige mich seit Jahren ernsthaft mit diesem liebenswerten Tier unserer Heimat und erlaube mir, Ihnen mein Werk beiliegend zuzusenden.

Mir kam nun zu Ohren, daß auch in anderen Ländern und Erdteilen ähnliche heimlich lebende Wolpertinger existieren, deren Namen, Aussehen und Lebensweise natürlich den dort angesiedelten Tieren angepaßt sind.

Sie als Kenner aller Tiere unserer Erde können mir sicher mitteilen, wie im europäischen Raum, in Afrika, Asien, Amerika, auf der Arktis und Antarktis und in den Ozeanen die lebenden Gegenstücke zum bayrischen Wolpertinger beschaffen sind.
Bitte geben Sie mir baldigst Nachricht über Ihr diesbezügliches Wissen, damit die Öffentlichkeit unverzüglich davon in Kenntnis gesetzt werden kann.

Für Ihre freundlichen Bemühungen sei Ihnen ganz herzlich gedankt.

Mit ergebenem Gruß

Alfons Schweiggert

P.S. Vielleicht ist es Ihnen möglich, bei einer Ihrer nächsten Fernsehsendungen auf diese weltweit bedrohten, liebenswerten Tiere einzugehen.

Einige Tage später erhielt ich das Antwortschreiben von Herrn Prof. Grzimek, dem er mir freundlicherweise sein ausgezeichnetes Buch „Serengeti darf nicht sterben“ beilegte. Ich las das Werk, fand in ihm aber nicht eine einzige Zeile über den Wolpertinger, was mich veranlaßte, erneut an den Tierprofessor zu schreiben und ihn noch nachdrücklicher auf sein Wissen über den Wolpertinger anzusprechen. Nun machte Bernhard Grzimek eine Aussage, die eindeutig beweist: Der

Tierexperte weiß mehr, als er sagt. Dem Leser sei es überlassen, darüber zu meditieren, was den Professor bewog, sein Wissen weiterhin nicht preiszugeben. Dazu untenstehend der zweite Antwortbrief.

Zoologische Gesellschaft von 1858
Frankfurt a. M.

HILFE FÜR DIE BEDROHTE TIERWELT

Zoologische Gesellschaft von 1858 e.V., Alfred-Brehm-Platz 16, 6000 Frankfurt/M.1

Herrn
Alfons Schweiggert
Gstallerweg 6

8o32 Lochham

Az./ref.:	Telefon:	Datum:
X/gf	0611-212 441o	22.8.1983

Sehr geehrter Herr Schweiggert,

besten Dank für Ihr Schreiben und das übersandte, hübsche Goldhamster-Buch!

Ich habe mir eben gründlich überlegt: Nein, mir fällt aus anderen Erdteilen und Ländern kein "Wolpertinger" ein, will man von dem berühmten Urmenschen oder Uraffen absehen, den immer wieder einige Leute im Schnee des Himalayas gesehen haben wollen oder von dem Ungeheuer in Loch Ness.

Mit allen guten Wünschen für den Erfolg Ihres Wolpertinger-Buches und herzlichen Grüßen

Ihr B. Grzimek

Bernhard Grzimek

Ceterum censeo progeniem hominum esse deminuendam.

Originalskizze aus Prof. Grzimeks Tagebuch, die eindeutig zeigt: Der homo bajuvaricus stammt geradlinig vom Wolpertinger ab und diesem homo verdanken die übrigen Menschen ihre zweifelhafte Existenz, nicht dem Affen, wie's immer heißt.

Vernachlässigt der Deutsche Jagdschutzbund den Wolpertinger?

In seiner Aufstellung der Wildbestandszahlen in der Bundesrepublik Deutschland verschweigt der Deutsche Jagdschutz-Verband den Wolpertinger gänzlich. Eine Anfrage an diese Institution wurde zwar freundlich beantwortet, zeigt aber die gleichgültige Einstellung des Verbandes in bezug auf dieses bedrohte Tier. Ja ist denn das eine Art und Weise, ganz zu schweigen von der Demut und der Ehrfurcht, die gerade ein Jagdschutzbund vor diesem Wesen zu haben hätte! Aber der Brief verrät, wer in Wahrheit dahinter steckt: die Nordrhein-Westfalen, die bekanntlich keine Bayern sind. Hier ist der Ausruf am Platz: Wolper-pfui, tinger-teifi!

Sehr geehrte Damen und Herren,

aus Ihrem interessanten Merkblatt "Wild, Jagd und Jäger in der Bundesrepublik Deutschland" erfuhr ich folgende Wildbestandszahlen, die für unser Vaterland zutreffen:

Rotwild	90 000
Damwild	30 000
Sikawild	1 300
Rehwild	1 600 000
Muffelwild	6 000
Schwarzwild	40 000
Hase	800 000
Kaninchen	500 000
Fasan	300 000
Rebhuhn	100 000
Stockente und Entenarten	1 000 000

Bei dieser Aufzählung fehlt mir jedoch der Wolpertinger.
Bitte teilen Sie mir doch liebenswürdigerweise die Bestandszahlen dieser bedrohten bayerischen Tierart mit und nennen Sie mir auch die Verluste, die jährlich durch landwirtschaftliche Maschinen und durch den Straßenverkehr verursacht werden.

Um diese Auskunft bitte ich Sie als Wolpertinger-Forscher, als Tierschützer und als Autor des Buches "Alles über den Wolpertinger", Ludwig Verlag, Paffenhofen a.d. Ilm, 1982.

Für Ihre Bemühungen herzlichen Dank.
Mit freundlichem Gruß

Ihr

Alfons Schweiggert

Anlage: Rückporto

Deutscher Jagdschutz-Verband e. V.

– Vereinigung der Deutschen Landesjagdverbände –
Hauptgeschäftsstelle

Johannes-Henry-Straße 26, 5300 Bonn 1
Tel. 02 28 / 21 41 44 und 21 41 72
FS 886 9389 djv-d
Sparkasse Bonn 17 531 237
BLZ 380 500 00

Deutscher Jagdschutz-Verband e.V., Johannes-Henry-Str. 26, 5300 Bonn

Datum: 29.8.83

Az.: 1o41-1526/83 ha/di

Herrn
Alfons Schweiggert
Gstallerweg 6

8o32 Lochham b.München

Betr.: Ihr Schreiben vom 22.August 1983

Sehr geehrter Herr Schweiggert,

was Ihre Anfrage wegen der Bestandszahlen beim bayerischen Wolpertinger betrifft, so müssen wir leider Fehlanzeige melden. Bei der "Forschungsstelle für Jagdkunde und Wildschadenverhütung des Landes Nordrhein-Westfalen", von der wir die jährlichen Bestandsangaben freundlicherweise erhalten, wird der Wolpertingerbestand wohl nicht erfaßt.

Ohne die laufende Forschung in Sachen Wolpertinger umfassend zu kennen, möchten wir vor falschen Hoffnungen bezüglich der Bestandserfassung warnen. Bei der Wolpertingerforschung sind bekanntermaßen noch zu viele elementare Fragen offen. Ungeklärt ist beispielsweise noch, mit welchen Fallen man Wolpertinger fangen kann, wie die telemetrische Grundausrüstung für Wolpertinger aussehen soll oder welche Computercodierung man am sinnvollsten wählen soll. Ohne die Klärung dieser Fragen dürfte man schwerlich zu einem notwendigen Fundus von Daten kommen, um entsprechende Hochrechnungen anzustellen.

Wir bedauern, Ihnen keine bessere Auskunft geben zu können und verbleiben

mit freundlichen Grüßen
DEUTSCHER JAGDSCHUTZ-VERBAND e.V.
-Vereinigung der deutschen Landesjagdverbände-
i.A.

(H a n s e n)

Der »Wiener Grubenhund« hat einen dunklen Fleck

Der Wiener Grubenhund entstand zu der Zeit, als die Wiener noch aus der Tiefe unter der Stadt in harter Arbeit die Kohlen für den Winter herausbrachen. Das Grubenpferd und der Grubenbock zogen die Loren mit dem Steinkohlegut und mögen sich dabei wohl zu nahe gekommen sein. Das Junge, in den Gruben als arbeitsscheu nicht geduldet, entwich in den Wald und ließ sich, als es fortpflanzungsfähig geworden war, sofort mit dem Fuchs ein. Das dieser Zweierbeziehung entspringende Junge streunte seinerseits im Tierpark herum und hatte bald schon ein Verhältnis mit einem Zebra, wie die Streifung auf dem Rücken erkennen läßt, die alle heute noch lebenden Wiener Grubenhunde auszeichnet. Der berühmte „dunkle Fleck" auf dem Rücken ist durch das Wiener Milieu zu erklären, da „jeder Wiener in seinem Leben einen dunklen Fleck aufzuweisen hat", wie wir von André Heller wissen.

Der »Schottische Haggis« ist eine Blunsn

In Schottland finden wir einen Wolpertinger, den die Einheimischen als „hexenhaften", also Haggis (sprich Häggis) bezeichnen. Mit dem Kopf eines Auerhahns, einem aufgedunsenen blunsenartigen Körper und vier behaarten, krallenbewehrten Vogelfüßen ist er unverkennbar. Er kommt dort noch zahlreicher vor als seine Verwandten in Bayern, die Wolpertinger. Deshalb darf er auch ganzjährig gejagt werden. Als schmackhafte wurstähnliche Delikatesse, nach ihm „Haggis" benannt, bereichert er den Speisezettel der Einheimischen. Die Zubereitung ist recht einfach, wie folgendes Original-Rezept beweist:

Haggis wird aus dem Wanst und den Innereien des gleichnamigen schottischen Wolpertingers zubereitet, wobei auch das Herz, die Leber und sogar die Augen mitverwendet werden. Das Ganze wird zuerst durch den Wolf getrieben, dann gut mit Pfeffer und Salz gewürzt und mit einer zerhackten Zwiebel, mit Talg und Hafergrütze verrührt. Es muß an mehreren Stellen mit Fleischspießen leicht punktiert werden, bevor es in siedendem Wasser etwa 15 bis 20 Minuten lang gekocht wird.

Der »Isländische Geysir« hat es recht warm

Diese nordische Wolpertingerart, auch Geiser genannt, ist in großer Anzahl auf der Insel anzutreffen. Jäger aus aller Welt reisen jedes Jahr hierher, um das Geweih eines Geysirs als begehrte Trophäe mit nach Hause nehmen zu können. Zum Glück gelingt es nur wenigen, eines dieser scheuen Tiere aufzuspüren.

Die Geysire leben in unterirdischen Bauten und lieben die Wärme. In der Nähe ihrer Lagerstätten sammeln sie Wasser, das sie bis zum Siedepunkt zu erwärmen verstehen – die Art und Weise, wie sie das fertig bringen, ist noch ungeklärt. Manchmal wird es sogar heißer als 100° C. Man kann beobachten, wie sich aus dem Boden kochende Springquellen erheben, die das überhitzte Wasser und den Dampf ausstoßen. Schließlich wollen sich die Geysire nicht verbrühen.

Das »Saarländische Theodotte« ist hinterfotzig

Von einem an der Isar geborenen Saarländer erhielt ich kommentarlos vorliegende bemerkenswerte Grafik mit einer hingekritzelten Unterschrift, die diesem kurzen, aber wichtigen Kapitel die Überschrift gab. Den Namen Theodotte entschlüsselte mir schwerelos der Sprachwissenschaftler Dr. Dr. Dr. Rufus Stotterer:
„Theo ist ein im Saarland häufig verwendeter Vorname für Hasen. Dotte ist das wohl mundartlich gefärbte und undeutlich ausgesprochene Wort „Dotter". Folglich:

Theo = der Hase Theo – dotte = dotter, ergibt zusammen: Hasendotter. Also Vorsicht, wenn sich Hühner und Rammler oder Hähne und Häsinnen gemeinsam auf dem Bauernhof ergehen!
Die Hinterfotzigkeit des Theodottes läßt sich aus Milieustörungen erklären, die dadurch bedingt sind, daß dieser Wolpertinger schon lange Zeit außerhalb Bayerns zu leben gezwungen ist.

Der »Rheinische Kölschl« läuft 100 Meter in zwei Sekunden

Auf den „Rheinischen Kölschl" wurde ich von dem Regionalforscher Michael S. aus Bergisch Gladbach aufmerksam gemacht. Wie er mir schreibt – ich zitiere – handelt es sich bei dieser Art „um einen aus Bayern ausgewanderten Wolpertinger, der in den Sümpfen von Bergisch Gladbach zu finden und an der Bierfahne auch nachts zu erkennen ist." Da er aber die 100 Meter in zwei Sekunden schafft, wird er verhältnismäßig selten von rheinischen Jägern eingeholt. Das Bild zeigt den „Kölschl" drei Hundertstel Sekunden vor dem Start.

Herrn S. gelang es übrigens, ein Exemplar dieses Wolpertingers lebend zu erbeuten. Bevor er es aber einer breiteren Öffentlichkeit vorstellen konnte, erhielt ich folgende traurige Nachricht: „Leider muß ich Ihnen mitteilen, daß das Prachtexemplar des ‚Rheinischen Kölschls', welches ich kürzlich mit Hilfe eines Bierseidels in den besagten Gladbacher Sümpfen fangen konnte, an Alkoholvergiftung verendet ist. Ich hatte meine Hausbar nicht genügend gesichert."

Ist der »Hallodrische Walchler« ein bayerischer Wolpertinger?

Intensiven Erkundungen des Fischers Sepp Loider ist es zu verdanken, daß er wohl bei einem Urlaub am Starnberger See auf einen eigentümlichen „Verwandten des Wolpertingers“ traf. Es ist dies der „Hallodrische Walchler“.
Hier stellt sich natürlich sofort die Frage: Kann dieses Wesen noch als bayerischer Wolpertinger angesehen werden? Die Antwort lautet: Nein. Vielmehr ist anzunehmen, daß dieses Tier vom Afrikanischen Tanasee den Blauen Nil hinunterschwamm, bei Alexandria ins Mittelmeer tauchte, an der Westküste der Türkei das Ägäische Meer durchschwamm, ins Marmarameer einschwenkte, schließlich bei Istanbul durch den Bosporus ins Schwarze Meer gelangte, donauaufwärts kraulte, bei Deggendorf in die Isar links einbog, kurz vor Moosburg in die Amper abwich, bei Dachau schließlich die Würm bevorzugte, die er südwärts hinaufschwamm, bis er bei Starnberg im gemütlichen Starnberger See, dem Tanasee nicht unähnlich, eine neue Heimat fand. Fürwahr eine lange Reise, bei welcher der Hallodri auch seine Gazellenohren verlor. Möge ihm, der dem unruhigen Afrika entflohen ist, hier ein angenehmer Aufenthalt beschieden sein, auf daß sich nach und nach auch seine provozierende Haltung, besonders harmlosen Radfahrern gegenüber, legen möge.

Die »Elwedritsche« aus Neustadt an der Weinstraße

Wer die Autobahn München–Augsburg–Stuttgart–Karlsruhe hinauffährt und dann in die Heidelberger Richtung einbiegt, gelangt nach links abschwenkend kurz darauf überraschend nach Neustadt an der Weinstraße, ein reizendes Städtchen, das auf dem Marstallplatz im Herzen der Altstadt den Elwedritsche-Brunnen stehen hat. Einundzwanzig bronzene Pfälzer Wolpertinger, genannt Elwedritschen, zeigen sich in einer kreisförmigen Schale unter den baumartigen, wasserspeienden Säulen, über die das Wasser vorhangförmig fällt. Bei den Elwedritschen handelt es sich um eine Kreuzung von Flug-

ente und Warzenschwein, bei der ein trappenähnliches Vogelwesen mit sechs Beinen entstand, das einen schweinerüsselähnlichen Schnabel, oft auch Doppelschnabel und große Schweinsohren am federbuschgeschmückten Kopf trägt. Die

einzigen Laute, die es hervorbringt, sind „Tritsche"-Rufe. Wie aber kam die Kreuzungsidee in die Pfälzer Enten- und Schweinsköpfe? Nun, ganz einfach.
Ein oberbayerischer Wolpertinger wurde einst von Reiselust gepackt und strebte der Niederbayern angegliederten Oberpfalz zu. Leider verwechselte er aus bisher nicht ganz geklärten Gründen die Autobahn München–Regensburg mit der Autobahn München–Stuttgart–Karlsruhe. Einmal auf der falschen Bahn gelangte er per Anhalter bis nach Karlsruhe. Dort zog er diskret Erkundigungen nach der Bayerischen Pfalz ein. Eine Rentnerin, womöglich Marianne Vogelskraut, die noch erlebt hatte, daß die heutige Rheinländische Pfalz zu Bayern gehörte, wies den Wolpertinger in Richtung Neustadt. Wie freute sich der, als er in der für die Oberpfalz gehaltenen Rheinland-Pfalz eintraf und neugierig erregt den Pfälzer Wald betrat, den er für den Oberpfälzer Wald hielt. Dort verbreitete er sendungsbewußt seine Kreuzungsideen und fand rasch begeisterte Anhänger besonders bei Flugenten und Warzen-

Zu besonderen Anlässen spendet der Busen der „Elwedritschen-Mutter" am Brunnen edlen Wein, während aus dem Mund ständig Trinkwasser für die Kinder fließt.

schweinen. Die hieraus erfolgten Aktivitäten führten schließlich zu den bekannten Pfälzer Elwedritschen, da die Anzahl des ersten Wurfes elfe – pfälzisch elwe – betrug.
Wer nun denkt, das muß ja ein schön blöder Wolpertinger

aus Bayern gewesen sein, der sollte bitte seine unschönen Gedanken im Zaume halten. Triftete nicht auch Christoph Columbus auf dem Weg nach Indien von der richtigen Route ab und entdeckte per Zufall Amerika, dessen Bewohner er dann irrtümlich Indianer nannte?!
So ist es denn nicht zu hoch gegriffen, wenn wir jenen Wolpertinger, der die oberbayerische Zivilisation in die pfälzische Tierwelt brachte, einen Columbus nennen, also einen Columpertinger sozusagen.
Die Pfälzer Elwedritsche jedenfalls wissen, wem sie ihre Entstehung zu verdanken haben. Sie sind deshalb stets gut auf den bayerischen Wolpertinger zu sprechen, vor dem sie sogar insgeheim einen Saurespekt haben.
Die Pfälzer Bürger lernten dann später von den in der Wolpertingerjagd erfahrenen Bayern auch die Elwedritsche-Jagd mit Kerzen- oder Laternenlicht und dem unersetzlichen Sack. Die Treibjagd mit Stöcken, Blas- und Lärminstrumenten, um die Elwedritsche aufzuscheuchen, ist wohl der Pfälzer Wesensart angemessen, widerstrebt aber dem oberbayerischen Wolpertingerjäger, der die stille Anschleichjagd bevorzugt.
Umso größer ist die Schande, daß die Wolpertinger-Kolonie Neustadt an der Weinstraße einen herrlichen Elwedritsche-Brunnen besitzt, während das Mutterland des Wolpertingers, also Oberbayern und voran die Landeshauptstadt München nicht ein einziges Denkmal für sein Urtier aufzuweisen hat.

Wie rühmlich ist es daher, daß ein engagiertes Mitglied des Wolpertinger-Vereins 1860 n.e.V. einen herzerfrischenden Brief an den Oberbürgermeister der Stadt München sandte. Hier die Korrespondenz im Wortlaut:

München, den 09.03.1984

Sehr geehrter Herr Oberbürgermeister,

die angemessene Jahreszeit für meinen Vorschlag, nämlich den Münchner Fasching, habe ich ja nun leider versäumt! Geburtstage der großen Münchner Volkssänger stehen auch nicht gerade vor der Tür, dafür aber der Wahlsonntag!

Deshalb: Sollten Sie wiedergewählt werden, wie stehen Sie zu folgender Forderung von Münchner Wählern:
"München braucht einen Wolpertinger-Brunnen!"

Nachdem das heimliche Wappentier Bayerns in der heimlichen Hauptstadt Deutschlands überall in Kunst, Wissenschaft, Literatur und NATUR sein Wesen treibt, ist es meines Erachtens an der Zeit, ihm in Form eines phantasievollen Brunnens (Standort: Viktualienmarkt) ein reales Denkmal zu setzen zur Freude der Einheimischen, Zuagroasten und Touristen!

Mit Wolpertinger-Gruß!

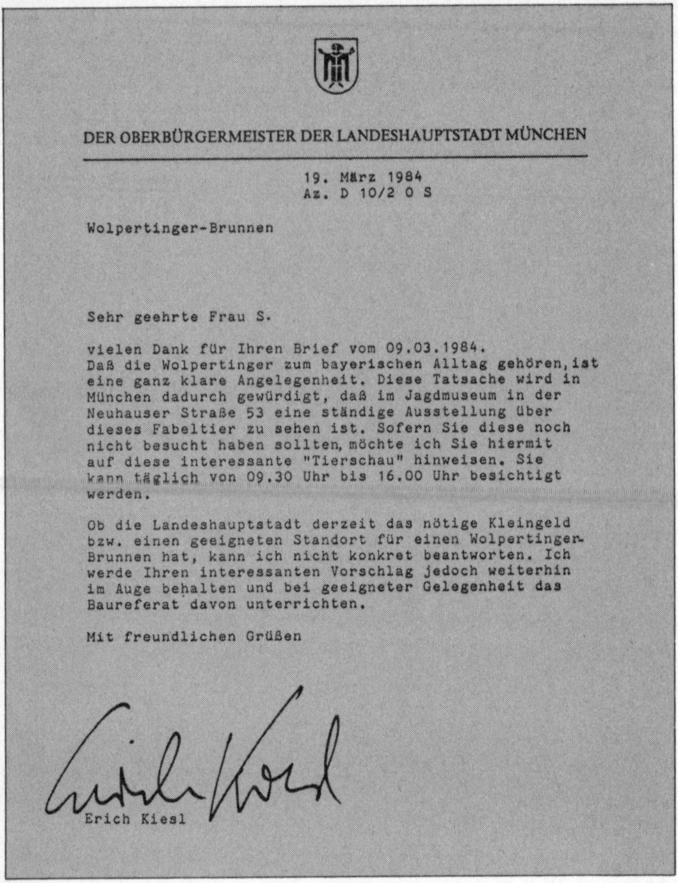

DER OBERBÜRGERMEISTER DER LANDESHAUPTSTADT MÜNCHEN

19. März 1984
Az. D 10/2 0 S

Wolpertinger-Brunnen

Sehr geehrte Frau S.

vielen Dank für Ihren Brief vom 09.03.1984.
Daß die Wolpertinger zum bayerischen Alltag gehören, ist eine ganz klare Angelegenheit. Diese Tatsache wird in München dadurch gewürdigt, daß im Jagdmuseum in der Neuhauser Straße 53 eine ständige Ausstellung über dieses Fabeltier zu sehen ist. Sofern Sie diese noch nicht besucht haben sollten, möchte ich Sie hiermit auf diese interessante "Tierschau" hinweisen. Sie kann täglich von 09.30 Uhr bis 16.00 Uhr besichtigt werden.

Ob die Landeshauptstadt derzeit das nötige Kleingeld bzw. einen geeigneten Standort für einen Wolpertinger-Brunnen hat, kann ich nicht konkret beantworten. Ich werde Ihren interessanten Vorschlag jedoch weiterhin im Auge behalten und bei geeigneter Gelegenheit das Baureferat davon unterrichten.

Mit freundlichen Grüßen

Erich Kiesl

Die Wolpertinger rächten sich für diese unklare Aussage dadurch, daß Erich Kiesl auf mysteriöse Weise, wie es ihm selbst schien, die Bürgermeisterwahl verlor. Es folgte nun umgehend ein Schreiben an dessen Amtsnachfolger Kronawitter. Hier wieder der Briefwechsel:

An den

Oberbürgermeister
der Landeshauptstadt München

Herrn G. Kronawitter

Rathaus

8000 München München, den 16.05.1984

"Wolpertinger-Brunnen"
Ihr Schreiben Az. D 10/2 Sup vom 19.03.1984

Sehr geehrter Herr Oberbürgermeister!

Ich bedanke mich für die schnelle Beantwortung meines Schreibens durch Ihren Amtsvorgänger zum Projekt Wolpertinger-Brunnen.
Leider zweifelte Herr Dr. Kiesl in seinem Schreiben daran, daß die Landeshauptstadt derzeit das nötige "Kleingeld" (wahrscheinlich wird eher "Großgeld" benötigt) und den geeigneten Standort für den Wolpertinger-Brunnen hat.
Nun wollte ich Sie nach der gewonnen Wahl zum Oberbürgermeister, zu der ich Ihnen herzlich gratuliere, fragen, ob Sie glauben, daß die Stadt vielleicht doch bald an ein solch schönes, bürgerfreundliches Projekt gehen könne?

Mit freundlichem Gruß

DER OBERBÜRGERMEISTER DER LANDESHAUPTSTADT MÜNCHEN

4. Juni 1984
D 10/2 0 S
Ruf 2 33-86 17

Errichtung eines Wolpertinger-Brunnens

Sehr geehrte Frau S.

haben Sie besten Dank für Ihr Schreiben vom 16.05.1984. Ich bedauere sehr, daß ich Ihr Frage leider ebenfalls mit "Nein" beantworten muß. An der angespannten Finanzlage der Landeshauptstadt hat sich zwischenzeitlich nichts verändert. Ich bitte um Ihr Verständnis, daß auch bei größtem Wohlwollen sich Ihr Vorschlag derzeit nicht verwirklichen läßt.

Mit freundlichen Grüßen

Georg Kronawitter

Auf welche Weise werden sich die vernachlässigten Wolpertinger nun an Georg Kronawitter für seine Absage rächen? Ich wage diesbezüglich keine Voraussage.
Eines steht jedoch fest. Wenn das Münchner Rathaus schon kein Geld für einen Wolpertingerbrunnen hat, die Münchner

Bürger werden ihren Geldbeutel einer Spendenaktion unter dem Motto „Ein Herz für Wolpertinger“ nicht verschließen. Wenn in der Millionenstadt nur jeder zweite eine Mark spendet, ergäbe das bereits einen Betrag von rund einer halben Million Mark und das ermöglichte einen ganz hübschen Brunnen.

Der Elwedritsche ist der Pfälzer Nationalvogel. Er versteht Spaß, ist gutmütig und hat Köpfchen. Der bayerische Wolpertinger ist stolz auf diesen Verwandten.

Das »Elsässische Zwergmurklwurz« mag keine Forscher

Wer von Zoologen bisher Auskunft über das Zwergmurklwurz erhalten wollte, mußte durchweg mit einer Frage als Antwort rechnen: „Warum?" Das ist nun anders geworden. Das Forscherteam Zenzi Zenz und Schorschl Aufderhöh aus Baierbrunn untersuchte diese Tiere auf Spitz und Knopf und fand Eigenartiges heraus.
Sperrte man Zwergmurklwurze einfach so in einen Käfig, der vorne und hinten, rechts und links, oben und unten abgedeckt war, so konnte man sie nicht mehr sehen. Kaum aber wurde die Tür des Käfigs geöffnet, entsprangen die Häftlinge, ohne sich vorher verabschiedet zu haben. Noch bemerkenswerter war eine Versuchsreihe, die schon im Chiemgau nicht geklappt hatte. Zwängte man ein Zwergmurklwurz in das oberste Fach einer Kühltruhe, war es einen Tag später steif gefroren, ohne daß es dies vorher verraten hätte. Was sollte es, es wurde dennoch unermüdlich weiterprobiert, aber selbst auf Abenteuerspielplätzen und bei dem Reigen „Häschen in der Grube" konnte und wollte es dem angesehenen Forscherduo nicht gelingen, den Intelligenzquotienten des Zwergmurklwurzes auch nur ungefähr zu bestimmen.
Damit darf dieses Experiment heute noch als mißlungen gelten, auch wenn Fragen offen blieben, die eigentlich geschlossen gehörten in unserer so zugigen Zeit.

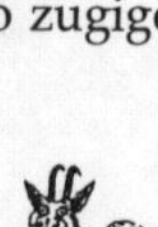

»Sidehill rambler«, »Leprachaun«, »Jackalope« und »Snalligaster« – zollfrei aus Übersee

Der „Sidehall rambler" (sprich Saidhill-Rämbla) läßt sich in etwa mit „Gebirgswand-Kraxler" übersetzen und mag wohl aus dem gebirgsarmen England in die amerikanischen Rocky Mountains ausgewandert sein.

Der „Leprachaun" (sprich Lepräschoun) ist ebenso ursprünglich in England beheimatet, ging aber bereits mit den ersten Auswanderern in die USA, dem Land der unbegrenzten Möglichkeiten. Der „Leprachaun" ist ebenso unübersetzbar wie der Wolpertinger und ihm damit in der Wortkraft ebenbürtig.

Im Westteil der USA ist der „Jackalope" (sprich Tschäkaloup) ansäßig. In seinem Namen sind „jackal", also Schakal, „jack rabbit", das heißt Rammler oder männliches Kaninchen und „antelope", die Antilope, enthalten. Der „Jackalope" ist demnach ein dem Schakal ähnelnder Rammler mit Antilopengehörn oder, um es englisch zu sagen: „... a non-existing animal, a rabbit with antlers", das heißt ein derart scheuer Wolpertinger, daß man vermutet, er existiere überhaupt nicht. Sein Aussehen entspricht dem eines gehörnten Hasen.

In Pennsylvania, USA, finden wir den „Snalligaster", auch „Snallygaster" (sprich Snälligesta), der als hasenähnliches Tier mit einem kürzeren „Bergbein" und einem längeren „Talbein" beschrieben wird und uns damit sofort an den bayerischen Kreißl erinnert, dessen rechtes Hinterbein etwas kürzer als sein linkes ist, weshalb er sich bei langsamer Fortbewegung im Kreise dreht.

Der „Snalligaster" stößt durchdringende Schreie aus und legt – eine einmalige Besonderheit! – viereckige Eier. Ausführliche Artikel über diesen Wolpertinger erschienen Ende der vierziger Jahre in der „Baltimore Sun", (Baltimore, Maryland), was die Auflage dieser Zeitung damals schlagartig in die Höhe schnellen ließ.

Der „Sidehill rambler" weiß sich zu wehren

Der „Leprachaun" ist zwergenhaft und flink

Der „Jackalope" rast über die Prärie

Der „Snalligaster" nach dem Legen der viereckigen Eier

Alle Wolpertinger dieser Welt

Ausgehend von seiner Stammheimat Oberbayern gelangte der Wolpertinger auf folgenden Wegen nach und nach in alle Welt.
Nach Ingolstadt ausgewanderte Exemplare brachten es fertig, unbemerkt von Donaudampfschiffahrtgesellschaftskapitänen, sich als blinde Passagiere auf deren Schiffen zu verstekken. Sie ließen sich über Wien bis ans Schwarze Meer bringen, wanderten auf dem Landweg nördlich über Moskau in die skandinavischen Länder und drangen östlich in die asiatischen Gebiete vor.
Über den Suezkanal gelang ihnen die Besiedelung Afrikas. Schon früh überquerten sie mit den Segelschiffen der großen Seefahrer den Atlantischen Ozean und breiteten sich in Amerika aus. Von Kap Horn am Südzipfel glückte ihnen der Sprung zur Antarktis, von Grönland aus eroberten sie die Arktis. Über Indonesien erreichten sie schließlich Australien.
Zwar kam der Bayerische Wolpertinger auf den einzelnen Erdteilen gegen die dort heimische Tierwelt nicht an, da sie ihm zahlenmäßig und von der Anpassung an die dort herrschenden Gegebenheiten weitaus überlegen war, aber in jedem dieser Auslandswolpertinger steckt doch ein nicht unerheblicher Erbteil des Bayerischen Wolpertingers.
Auch die Idee, sich mit anderen Tieren als den vom Schöpfer vorgesehenen der eigenen Art zu vermischen, entsprang dem Gehirn eines bayerischen Wolpertingers. Auf diese Weise entstand weltweit eine reichhaltige Auswahl der unterschiedlich lebenden und aussehenden Wolpertinger. Auf den folgenden Seiten werden jeweils die wichtigsten Arten aus allen Erdtei-

len vorgestellt, wobei die jeweils in sie eingegangenen Bestandteile anderer Tierarten der Beschriftung der Bilder zu entnehmen ist.

Abenteuerliche Formen, dem bayerischen Auge oft ungewohnt, sind zu sehen. Es ist daher zu erwarten, daß mehr als nur ein Bayer beim Betrachten der ausländischen Wolpertinger ausrufen wird: „Da unsa is da schönst!«

EUROPA

OULU

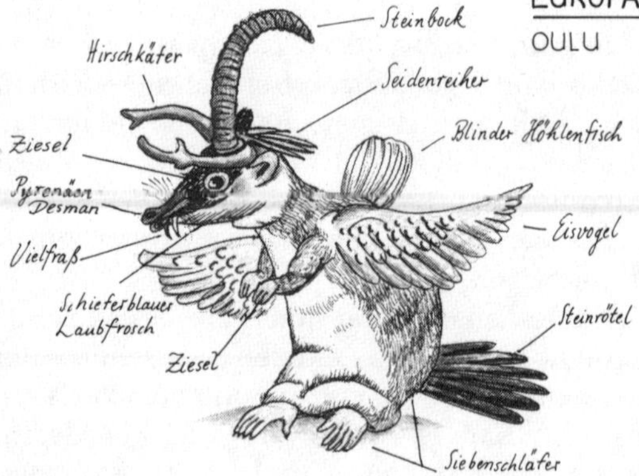

NORDAMERIKA

PÄLPITÄITA

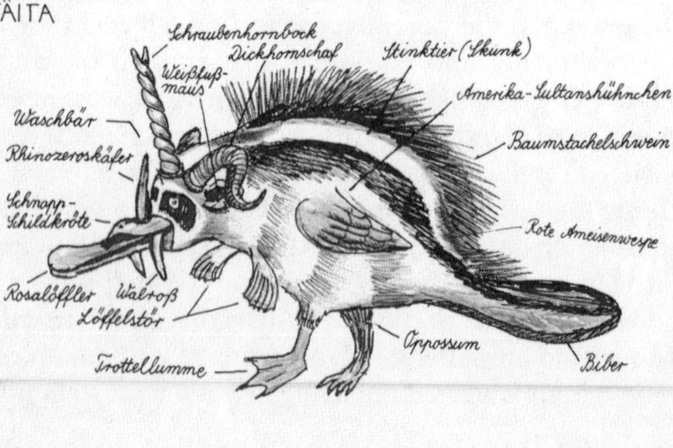

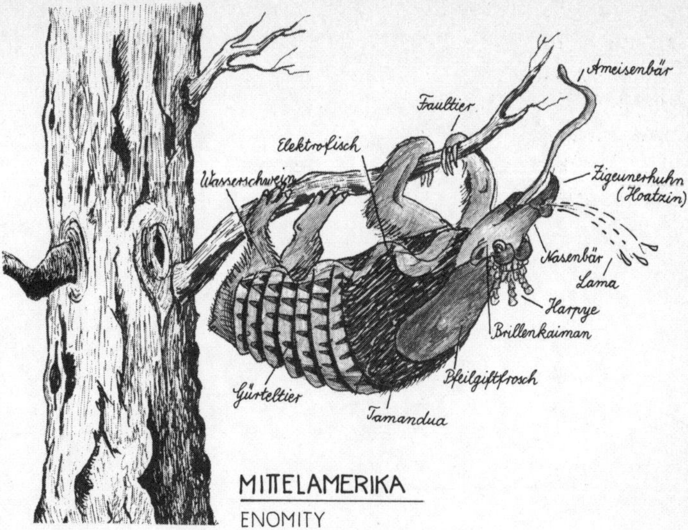

MITTELAMERIKA

ENOMITY

SÜDAMERIKA

RÄFHJUN

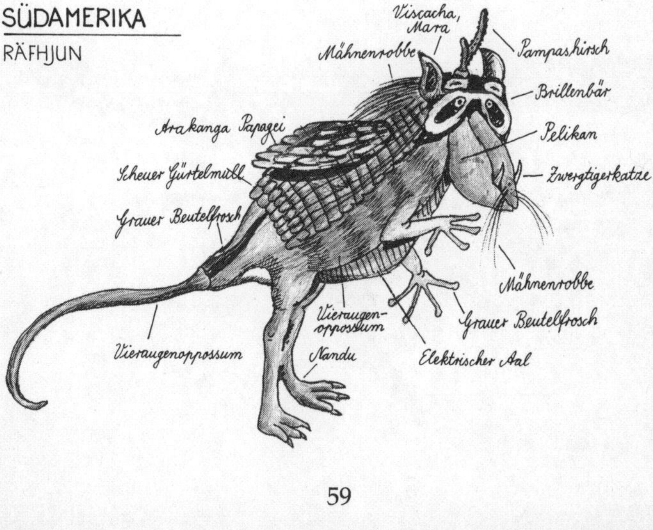

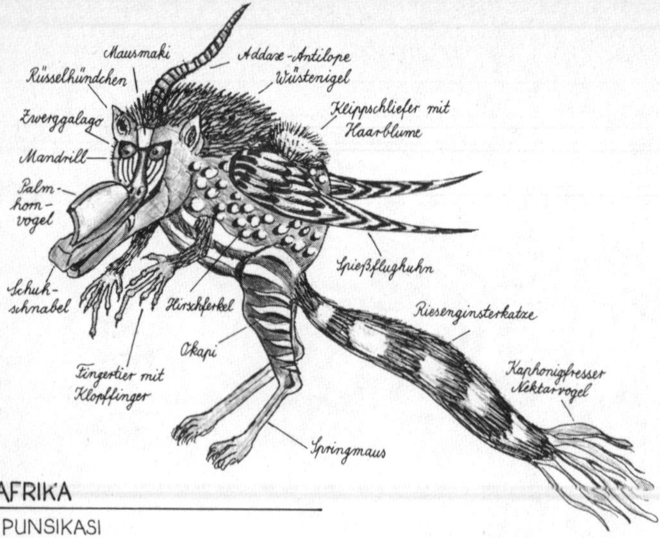

AFRIKA

LPUNSIKASI

AUSTRALIEN / NEUSEELAND

TÖRNBÄKL

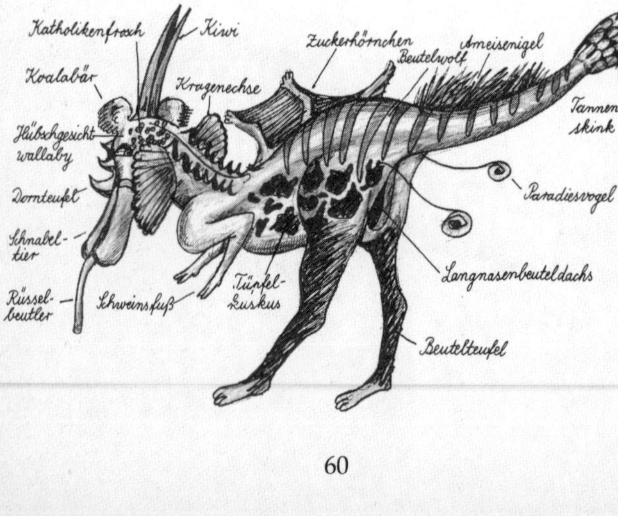

NÖRDLICHES ASIEN

IBRASIMOW

SÜDOSTASIEN

NUSO-KUKUSCHI

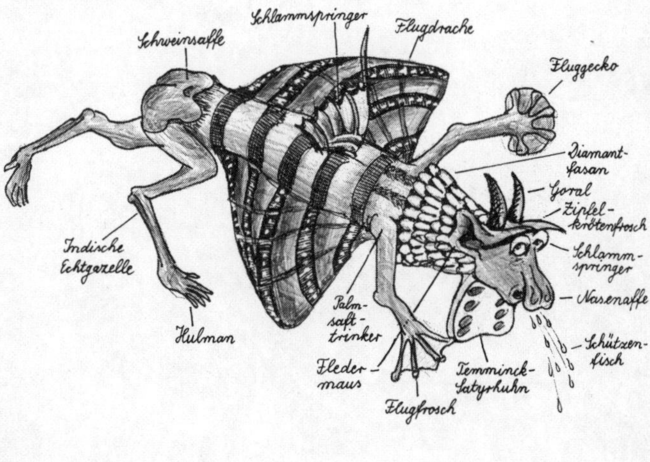

ARKTIS

GOSCHIROGGO

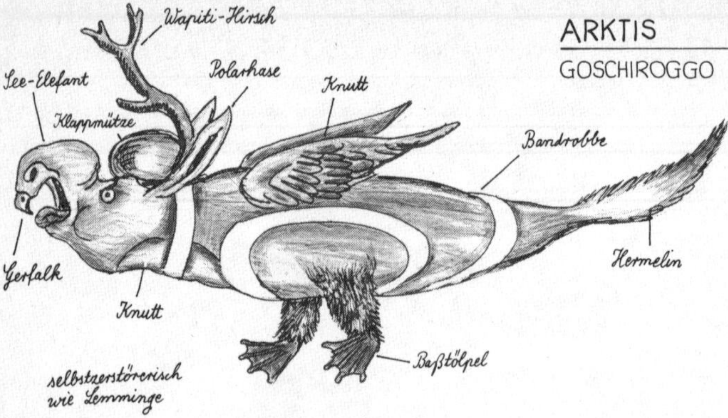

ANTARKTIS

EPFRMPFD

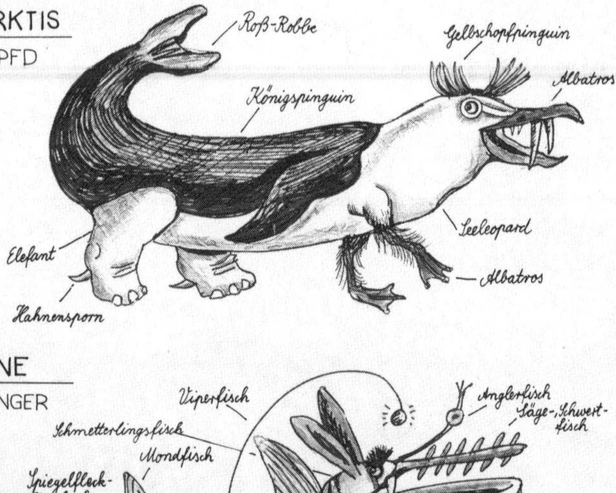

OZEANE

REMARINGER

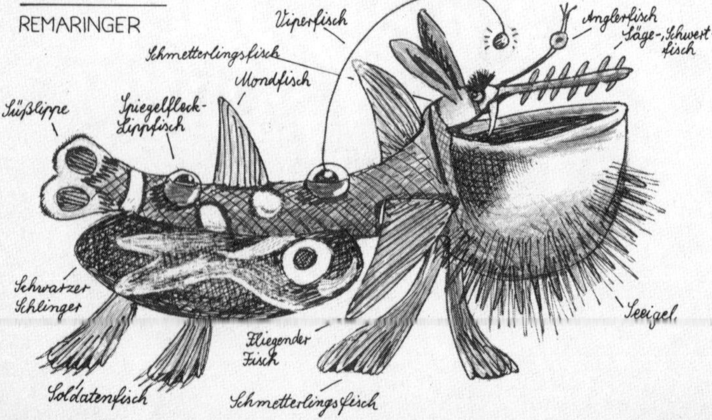

Bei meiner Arbeit über die Wolpertinger der Welt entdeckte ich aus Zufall folgendes Phänomen. Schreibt man die Namen der ausländischen Wolpertinger in richtiger Reihenfolge untereinander, ergeben ihre Anfangsbuchstaben wieder das Wort „Wolpertinger". Dieser Tatbestand gibt uns einmal mehr den unanzweifelbaren Hinweis, daß unser bayerischer Wolpertinger als Urvieh aller Wolpertinger dieser Welt angesehen werden muß.

BAYERN	W	OLPERTINGER
EUROPA	O	ULU (NACH EINER ANDER WESTKÜSTE FINNLANDS GELEGENEN STADT BENANNT, WO DIESER WOLPERTINGER ERSTMALS GESEHEN WURDE)
AFRIKA	L	PUNSIKASI (BEDEUTET DER „ABSOLUT VERRÜCKTE")
NORDAMERIKA	P	ÄLPITÄITA (PALPITATOR BEDEUTET HERZKLOPFER, ALSO DIESER WOLPERTINGER BRINGT DAS HERZ ZUM KLOPFEN)
MITTELAMERIKA	E	NOMITY (ENORMITY BEDEUTET UNGEHEUERLICHKEIT, EIN BEGRIFF, DER EINEM BEIM ANBLICK DES TIERES IN DEN SINN KOMMT)
SÜDAMERIKA	R	ÄFHJUN (ROUGHHEWN BEDEUTET „ROH BEHAUEN", WAS AUF DIESES WESEN AUCH ZUTRIFFT)
AUSTRALIEN / NEUSEELAND	T	ÖRNBÄKL (TURNBUCKLE BEDEUTET SPANNWIRBEL, TATSÄCHLICH DER SIEBTE HALSWIRBEL DIESES WOLPERTINGERS IST EIN SPANNWIRBEL)
NÖRDLICHES ASIEN	I	BRASIMOW (DER SPRUNGGEWALTIGSTE UNTER DEN WOLPERTINGERN)
SÜDOSTASIEN	N	USOKUKUSCHI (IST LAUTMALERISCH UND WEIST AUF DEN DAUERSCHNUPFEN HIN, AN DEM DIESER WOLPERTINGER ZU LEIDEN HAT)
ARKTIS	G	OSCHIROGGO (DER SCHIROCCO IST ALS WARMER, TROCKENER FALLWIND BEKANNT, VON DEM DIESER WOLPERTINGER, DER STÄNDIG „GOING" IST, ANGETRIEBEN ZU SEIN SCHEINT)
ANTARKTIS	E	PFRMPFD (SO UNAUSSPRECHLICH WIE DIESER NAME IST AUCH DIESER WOLPERTINGER, DEN ES AUF DEN SÜDPOL VERSCHLAGEN HAT, IN SEINEM AUSSEHEN)
OZEANE	R	EMARINGER (DER GANZ ZURÜCKGEZOGEN IM MEER LEBENDE TIEFSEEWOLPERTINGER)

Der Wolpertinger in der Literatur

Dieses Phänomen wurde leider bisher noch niemals ausführlich untersucht, mit einer Ausnahme. Erst kürzlich schrieb ein bayerischer Germanist Dr. Franz Xaver von Schlupfloch-Watzenstein eine Doktorarbeit zu diesem Thema, aus der wir mit freundlicher Erlaubnis des Autors die wichtigsten Stellen zitieren:

Eines der bekanntesten Gedichte des Dichterfürsten Johann Wolfgang von Goethe lautet in der bislang unbekannten Urschrift folgendermaßen:

Gefunden (1812)

Ich ging im Walde
So für mich hin
Und nichts zu suchen,
Das war mein Sinn.

Vor mir saß plötzlich
Ein Wolpertinger,
Es verkrampften mein Herz
Sich und meine Finger.

Ich dachte an Fang,
Da sagt' er fein:
Lieber Goethe Wolfgang,
Das laß mal sein.

Er sah mich scharf an,
Da ergriff mich ein Graus,
Ich drehte mich um
Und eilte nach Haus.

Dort ging ich auf
Einen stillen Ort,
Saß allein. Der Wol-
Pertinger war fort.

Nur wegen einiger holpriger Reimstellen machte Goethe aus dem Wolpertinger später in der zweiten Fassung ein Blümelein. Daß es so nicht geht, wissen die Dichter heutzutage ja längst.
Goethes anderes bekanntes Gedicht „Sah ein Knab einen Wolpertinger stehn, Wolpertinger auf der Heide, war so jung und wunderschön ..." soll hier nicht weiter zitiert werden, da es zu häufig von der Werbung mißbraucht wurde.

Eilen wir durch die Jahrhunderte weiter und wenden wir uns der modernen Dichtung zu, die ja auch nicht schlecht ist. Als erster sei Bertolt Brecht herausgegriffen.

An W. Wol ken über
per sischem Teppich
tin geln und tanzen
ger uchlos vorbei.

Hier haben sich die Kritiker ernsthaft gefragt: An wen schrieb Bert Brecht das Gedicht? An Waltraud, Wenzel oder Walburga? Der Kritikerpapst Barzel Weich-Stranitzky fand die Antwort und bewies sie auch: „Nehmen Sie von jeder Verszeile die ersten drei Buchstaben und lesen Sie diese hintereinander, so wird Ihnen klar, er schrieb die Zeilen an den Wol-per-tin-ger."

Franz Kafka, uns Bayern wohlgesonnen wie alle Tschechen, zeigt seine Einstellung mit der leider wenig bekannten Kurzgeschichte

Wunsch, Wolpertinger zu werden

Wenn man doch ein Wolpertinger wäre, gleich bereit, und auf dem rennenden Hund, schief in der Luft, immer wieder kurz erzitterte über dem zitternden Boden, bis man die Zähne ließ, denn es gab keine Zähne, bis man die Beine wegwarf, denn es gab keine Beine, und kaum das Land vor sich als glattgemähte Heide sah, schon ohne Halt am Hundehals und Hundekopf und fragenden Blicks auf den Boden knallte, daß einem Hören und Sehen vergeht.

Ein schöner Text, rein die Sprache, rein der Inhalt. Wir brauchen keine Worte darüber zu verlieren.

Originalzeichnung Kafkas „Der Wolperting"

Aus dem Reich der Fabeln seien hier zwei besonders hübsche Beispiele unserer berühmtesten Fabeldichter herausgegriffen. Das erste entstammt der Feder Äsops, das zweite Beispiel ließ sich La Fontaine einfallen, von dem es später dann Lessing abschrieb.

Der Vorwand

Ein Wolf kam an einen Bach, um dort zu trinken. Da gewahrte er einen Wolpertinger, der ein Stück unterhalb von ihm seinen Durst löschte. „Warum trübst du mir das Wasser, das ich trinken will?« wollte er wissen. „Wie kann ich das Wasser trüben, das von dir zu mir herabfließt?« antwortete der Wolpertinger. „Jedenfalls weiß ich", sagte der Wolf, „daß du vor fünf Monden übel von mir geredet hast.«

»Wie sollte das möglich sein?« erwiderte der Wolpertinger. »Damals war ich noch gar nicht geboren.«
»Dann ist es dein Vater gewesen«, schrie der Wolf und wollte den Wolpertinger zerreißen, um ihn zu verschlingen.
Der Wolpertinger aber drehte den Spieß um, zerriß den Wolf und fraß ihn mit Haut und Haaren.
Und die Moral von der Geschicht: Wenn du glaubst, du seiest der Stärkere, bloß weil einer bescheiden und furchtsam tut, dann kannst du dich manchmal ganz schön irren und setzt dich unvermutet in die brennendsten Nesseln.

Aesop

Einzig in seiner Art

Nach vielen Jahrhunderten gefiel es dem Wolpertinger, sich wieder einmal sehen zu lassen. Er erschien, und alle Tiere und Vögel versammelten sich um ihn. Sie gafften, sie staunten, sie bewunderten ihn und brachen in entzücktes Lob aus.
Bald aber wandten die Besten und Geselligsten mitleidsvoll ihre Blicke und seufzten: „Der unglückliche Wolpertinger! Ihm ward das harte Los, weder Geliebte noch Freund zu haben; denn er ist der einzige seiner Art!"
Da sagte der Wolpertinger nur eines, bevor er ging: »Ach, leckt mich doch alle am Arsch!"
Und die Moral von der Geschicht: Wenn einer sich viele Jahrhunderte nicht sehen läßt, dann aber doch wieder einmal vor die versammelte Mannschaft tritt, dann sei vorsichtig mit deinen Bemerkungen, denn so zurückgezogene Eigenbrötler werden rasch ekelhaft und ausfallend.

La Fontaine und *Lessing*

Ganz anders steht es mit dem Tierschriftsteller Günther Grass. Nach seinen Romanen „Der Butt" und „Die Rättin" ist kein dickeres Buch von ihm erschienen. Weshalb? Jenun, eingeweihte Kreise verrieten der Bildzeitung, Grass nimmt sich nach den Ratten und dem Butt den Wolpertinger vor. In diesem 800-Seiten-Roman rechnet er mit allerlei Mißständen in Bayern ab. Der Titelbild-Entwurf für das neue Werk sieht so aus:

Was sagt uns der Titel? Hatte beim Butt noch der Fisch höchstpersönlich jemandem in sein linkes abstehendes Ohr die Worte geflüstert:

Mantje, Mantje, Timpe Te,
Buttjebuttje in der See,
meine Frau die Ilsebill,
will nicht so
wie ich wohl will.

– so flüstert im neuen Titel der Wolpertinger in ein rechtes abstehendes Ohr:

Wippi, Wappi, Schnetter Eng,
weil ich so an Bayern häng,
sag ich dir, mein lieber Schwan,
komm und steig in meinen Kahn.

Noch mögen diese Worte rätselhaft klingen. Doch wer die 800 Seiten gelesen hat, weiß dann schon mehr.

Der Wolpertinger, ein Rätsel für Dolmetscher

Das Fachblatt des Bundesverbandes der Dolmetscher und Übersetzer „Lebende Sprachen – eine Zeitschrift für fremde Sprachen in Wissenschaft und Praxis", widmete 1984 in den Heften 1 und 3 (29. Jahrgang) im Abschnitt „Terminologiedienst" zwei Spalten dem Wolpertinger. Darin gelangten die Autoren zu folgendem Schluß:
„Was nun die englische Übersetzung betrifft, ... so wird der Begriff in der Übersetzung wohl als solcher stehenbleiben müssen." Das heißt, auch im Englischen heißt der Wolpertinger „Wolpertinger".
Ein Fehler unterlief den Autoren jedoch bei der Beschreibung des Tieres:
„Wolpertinger sind keine Tiere, die in einem Lehrbuch der Zoologie zu finden sind, sondern kleine Wichtelmänner, die in mondhellen Nächten auf Lichtungen und in Wäldern singen, tanzen und manchmal Schabernack treiben. Sie sind sehr scheu und lassen sich schwer ‚einfangen'."
Womit müssen sich die armen Wolpertinger denn noch vergleichen lassen? Nun gar mit Wichteln, die singen und tanzen! Aber sei's drum, wir verzeihen den Dolmetschern noch einmal, insbesondere deshalb, weil sie in ihrem Artikel den Wolpertinger so herrlich englisch beschreiben. Ich zitiere (und übersetze dann gleich selbst):
„Wolpertinger: fabulons creature of about the size of a hare with horns or antlers; being a mixture of various wild animals, such as boar, mountain goat, hare, squirrel, pheasant etc. it is said to live in the Bavarian Alps and shows many traits of character typical of the Bavarian people. ... There ain't no

such animal. It is a fabulous beast, the root of the name being Walper = corruption of Walpurgisnacht. This animal is supposed to have a very valuable skin; so you send someone gullible out to catch it and give him a sack and lighted candle. I am certain that there is some equivalent to this in English; however, a unicorn isn't quite the same thing."

„Wolpertinger: ein fabelhaftes Wesen von etwa der Größe eines Hasen mit Hörnern oder Geweih; ist eine Mischung aus verschiedenen wildlebenden Tieren, wie Keiler, Gemse, Hase, Eichhörnchen, Fasan usw. Man sagt, es lebt in den Bayrischen Alpen und weist viele typische Charakterzüge der Bayern auf. ... So etwas wie dieses Tier darf es nicht geben. Es ist ein fabelhaftes Viech, dessen Name von Walper = Urtier aus der Walpurgisnacht, kommt. Es hat vermutlich ein sehr wertvolles Fell; schickst du einen Jäger, der vertrauenswürdig erscheint auf die Jagd, so gib ihm einen Sack und eine brennende Kerze mit auf den Weg. Ich bin sicher, daß es zum Wolpertinger im Englischen manch entsprechendes gibt, ein Einhorn allerdings ist nicht ganz dasselbe."

Zweifellos macht es unseren Freunden aus England Spaß, auch in ihrer Sprache etwas über den Wolpertinger in diesem Buch zu finden. Und mir hat es Spaß gemacht, nach meiner Gymnasialzeit wieder einmal eine Englisch-Übersetzung aufs Papier zu bringen, war ich doch schon damals wegen meiner Bavarismen sehr gefragt.

Der Wolpertinger in der Bildenden Kunst

Die berühmten Höhlenmalereien von Lascaux zeigen uns beredt, daß bereits in der Urzeit der Wolpertinger ein fester Bestandteil des häuslichen Lebens war und ein beliebtes Objekt der bildenden Kunst dazu.
Die Belege in der Folgezeit sind äußerst zahlreich. Die Wolpertinger von Hieronymus Bosch und Matthias Grünewald wurden wie die Mona Lisa ermüdend oft abgebildet, ebenso die Wolpertinger des Leonardo da Vinci, des Albrecht Dürer und anderer. Hier sollen nur einige selten gezeigte Beispiele herausgegriffen werden.

Von Paul Klee und Pablo Picasso fand man in den Nachlässen Werke, die datiert, signiert und leicht verschmiert den Wolpertinger zum Thema haben. Der „Große Weh“ Picassos ist kein anderer als der „Große Wolpertinger“, der von vier Bayern begafft wird. Bei Klee hingegen steht dem Kind auf die Stirne eingebrannt, daß es einem Wolpertinger begegnet ist.

Salvador Dali, das Jahrtausendgenie, schrieb einmal über den Wolpertinger die einleuchtenden Sätze:
„Jede Paranoia, die ich mit kritischem Blick erkenne, mündet in eine Spirale von warmem Licht. Es ist die spontane Methode irrationaler Erkenntnis, die auf der kritisch-interpretierenden Assoziation von Phänomenen des Delirium tremens

fußt. Und plötzlich entdeckte ich, daß ich mein ganzes Leben nichts als weiche Wolpertinger gemalt habe." Tatsächlich enthält jedes Werk von Dali bei genauem Hinsehen Wolpertinger, die allerdings ziemlich zerlaufen sind. Das kommt davon, wenn man beim Malen die Bilder immer senkrecht auf die Staffelei stellt. Klar, daß da die Farbe davonläuft.

Joan Miró hingegen nimmt dickere Farbe und wir können uns über seinen „Den Mond anheulenden Wolpertinger" freuen. Geben wir nur acht dabei, daß unsere Herzen nicht so vor Mitgefühl zerschmelzen wie der Mond!

Übrigens setzte Beuys dem Wolpertinger 1981 ein unauslöschliches Denkmal, indem er im Bayerischen Wald 1283 Tannenbäume von seinen Studenten in zwei Monate langer, harter Arbeit mit Kreißlfett (= Wolpertingerfett) markieren ließ. Zum Abschluß der wohl einmaligen hochkünstlerischen Aktion fettete er als Environment einen Stuhl mit Kreißlfett ein und überließ ihn nach zähen Verhandlungen für nur hundertzwanzigtausend Mark unter dem Titel „Zeige mir deine W..." dem Haus der Kunst in München.

Der Wolpertinger in der Musik

Immer, wenn von Musik die Rede ist, kann sich niemand an den zwei großen W vorbeidrücken: Wagner und Wolpertinger.

Wenige wissen, daß der Komponist 1865 mit Parsifal die Vorarbeiten zu seiner Wolpertinger-Oper abschloß. Parsifal von hinten hereingelesen heißt Lafisrap, und wie bekannt ist, verwendete Wagner dieses Wort als Kosenamen für Wolpertinger. Kein Wunder, daß er seine Wolpertinger-Oper auch nicht einfallslos „Der Ring des Wolpertingers" nannte, sondern eben „Walküre". Das „Wal" möge zaghaft auf den Wolpertinger hinweisen, „küre" bedeutet „wählen". Dem Sinn nach heißt Walküre also: „Ich wähle dich, Wolpertinger."
Bei der Uraufführung am 26. Juni 1870 im Hoftheater in München (wo sonst?!) sauste immer wieder ein Wolpertinger, gespielt von dem begabten, verkleideten Münchner Dackel „Wacki" über die Bühne. Als er aber eine Sängerin, irritiert von ihrem Geplärre, in die Waden biß, wurde in den folgenden Aufführungen auf die leibhaftige Anwesenheit dieses Wolpertingerdoubles verzichtet.

Außer dieser Oper gibt es von anderen Komponisten eine Vielzahl von Symphonien, Liedern, Operetten, die dem Wundertier gewidmet sind. Für speziell Interessierte sei auf Hubers „Musikgeschichte der Welt" in 52 Bänden, Frankfurt 1946 hingewiesen, dessen 36. Band sich auf 932 Seiten allein des Themas „Der Wolpertinger in 1003 Klangbildern" annimmt. Nicht nur in der Klassik, auch in der Rock- und Popmusik finden sich zahlreiche Spuren des Wolpertingers.

Elvis Presley, das Rock'n'Roll-Idol schlechthin, kopierte mit seiner berühmten Haartracht, der „Elvis-Tolle“ eindeutig den Allgäuer Trebernloaskrucka, jenen Wolpertinger, der auch den deutschen Rocker Udo Lindenberg zu seiner näselnden Stimme inspirierte. Elvis hatte mit „The Wolper-Rock“ in Bayern einen Nummer-Eins-Hit und verkaufte diese Single in der Folge über 60 Millionen mal weltweit. Respekt!
Die Beatles ahmten in den meisten ihrer erfolgreichen Titel mit Begeisterung die Brunftschreie der Wolpertinger nach, was ihnen bekanntlich enormes Glück brachte.

Ein besonders fleißiger Liedermacher ist der bereits erwähnte Udo Lindenberg. In seinem 315 Seiten starken, handnumerierten und von Rembrandt Harmensz van Rijn illustrierten, im Walross Verlag eschienenen Songbook findet sich doch tatsächlich auch sein bekanntes Wolpertinger-Lied:

„Tschuldigen Sie, ist hier der Sonderzug nach Bayern?
Ich bin ein Jodeltalent, wie mans dort unten noch nicht kennt.
Kennen Sie den: Da geht ein Wolpertinger gammeln
und kommt nach München hinein.
Sagt wer zu ihm: Dummes Schwein!
. . .“

Und so geht das nun weiter, ohne im Tempo und in der kraftvollen Aussage auch nur eine Zeile nachzulassen.

Ein Wort auch über die deutschen Mädel. Was sagen Sie zu Nikis neuestem Hit „Servus, Kreißl, pfüa Gott!“, in dem sie gleich eine ganze Herde des bayerischen Wahrzeichens besingt? Oder Nina Hagen mit ihrem irren „Wulpertainga-Look“, wobei sie nicht nur die Wandlungsfähigkeit des Kreißls im Aussehen hervorragend nachzuahmen versteht, sondern auch den Blick und den Gang. Die Wolpertinger hätten an ihr sicher viel Spaß.

Folgendes brandneues Schunkellied hat die beliebten Stimmungsmacher „Humpa-humpa-humpa-tätärä", „Ja, mir san mitm Radl da", „Schaug hi, do liegt a tota Fisch im Wassa" abgelöst. Es ist ganz einfach im Text und kann endlos gesungen werden.

Aus der Vielzahl der Volkslieder sei zunächst ein weltbekanntes herausgegriffen.

Jeder kennt dieses winterliche Volkslied, das von einem unbekannten bajuwarisierten Amerikaner einfühlsam ins Bayerische übertragen wurde. Hier seine kongeniale Übersetzung von „Jingle bells":
„Wolpertinger belle, Wolpertinger belle, Wolpertinger belle zu jeder Zeit, (damit es dir warm wird! Du Mensch aber,) arbeite und träume nicht. Es ist nämlich bereits kalt. Deshalb, meine ich, heize den Ofen gleich!«
Der unbekannte Autor dieses weltberühmten Liedes rät also in liebevoller Fürsorge dem Wolpertinger, sich im Winter

durch ständiges Bellen warm zu halten. Damit die Menschen aber es nicht ebenso machen müssen, mahnt sie derselbe Autor in weiser Voraussicht und mit dem nötigen Nachdruck, sie sollten gefälligst arbeiten (für Öl, Kohle und Holz) und beim Nachsinnen über das Bellverhalten des Wolpertingers im Winter nicht darauf vergessen, sich um die Wärme im gemütlichen Heim selbst zu kümmern. Ein Lied, das uns einmal mehr die Größe der Amerikaner zeigt, die sich um Tier und Mensch in gleicher Weise zu sorgen verstehen, wenigstens im Volkslied.
In meinem Werk „Alles über den Wolpertinger", Ludwig Verlag, Pfaffenhofen a. d. Ilm 1983, 2. Aufl., ist das einzige bayerische Wolpertingerlied abgedruckt, das es bisher gibt. Es sei hier deshalb nicht erwähnt.

Beenden wir unsere Stipvisite in die Welt der Musik mit einem leisen Volkslied:

Der Mond ist aufgegangen,
die goldnen Sternlein prangen
am Himmel hell und klar,
der Wald steht schwarz und schweiget
und aus den Wiesen steiget
der weiße Nebel wunderbar.

Wie verhalten wird hier doch vom Wolpertinger gesprochen. Nur vier Worte „Sternlein", „schwarz", „Nebel" und „wunderbar" weisen behutsam auf ihn hin. Können wir ein besseres Beispiel finden für den Takt in der Musik? Ich behaupte nein, aber suchen Sie ruhig weiter, wenn Sie mir nicht glauben.

Der Wolpertinger in Film und Fernsehen

Die Liste der Filme über den Wolpertinger ist schier endlos. Hier einige besonders herausragende Beispiele:

F. W. Murnau (1921):	Wolperatu, das Phantom von Bayern (Stummfilm) Dieser Film beweist, daß sämtliche Vampire in der Folge die spitzen Reißzähne vom Wolpertinger abgeschaut haben.
James Whale (1932):	Frankensteins Monster (mit Boris Karloff als unvergleichlicher Wolpertinger)
F. X. Kennedy (1952):	Schieß, wenn der Wolper kommt (mit John Wayne als kraftvoller Wilderer)
Alfred Hitchcocks Dreiteiler:	Er kommt nur nachts (1967) WT (1970) The crazl (1978) deutsch: Der Kreißl

In dem unterhaltsamen Film der Monty Pythons „Die Ritter der Kokosnuß" aus dem Jahre 1974 machen sich die Ritter der Tafelrunde auf die Suche nach dem Heiligen Gral. Ein alter Mann zeigt ihnen schließlich eine Höhle, in der sich der Heilige Gral befinden soll. Er wird von einem fürchterlichen Tier bewacht. Die Ritter blicken in die Höhle, entdecken aber nur ein kleines, weißes Kaninchen und amüsieren sich köstlich über dieses ach so gefährliche Tier. Ein Ritter will es zum Spaß mit der Hand fangen.
Da springt ihm das Killerkaninchen mit ungestümer Kraft an den Hals und beißt ihm – schwupp – den Kopf ab. Als ihm

seine Schwertgenossen entsetzt zu Hilfe eilen wollen, legt das Tier erst so richtig los. Es zerfetzt alle in unbeschreiblicher Geschwindigkeit. So gefährlich sind natürlich keine weißen Kaninchen, wohl aber Wolpertinger der Gattung albino albinensis bavaricae, zu deutsch gfuxter Alpenweißhäuptl.

Aus jüngster Zeit möchte ich noch zwei besonders bemerkenswerte Beispiele anführen:
In dem Remake des Films „Wolperatu, das Phantom von Bayern" (1978) von Werner Herzog spielte Fonsä S. mit solcher Sensibilität die Titelrolle, daß alle früheren Wolperatus wie harmlose Panoptikumsfiguren wirken. Grusel um Grusel kribbelt dem Zuschauer den Rücken hinunter, wenn sich Fonsä S. jeweils um Mitternacht bei Vollmond in den Wolperatu verwandelt. (Siehe Szenenfoto).

Weltbekannt ist Luis Buñuels Film „Der diskrete Charme der Bourgeoisie" (1979). Kurz der Inhalt der für uns entscheidenden Szene:

Der Botschafter von Miranda Don Rafael (gespielt von Fernando Ray) hat die Frau eines Freundes bei sich im Schlafzimmer zu Besuch. Überraschend kommt der Freund und will seine Frau abholen. An der Türe bittet der Botschafter:
„Kann sie noch einen Augenblick bleiben, höchstens zwei Minuten?"
„Weshalb", fragt der Freund erstaunt.

„Ich will ihr meinen Eumel zeigen", erklärt der Botschafter.
„Was bitte", erkundigt sich der Freund.
„Meinen Eumel."
„Ach so, na ja, ich warte dann draußen in meinem Wagen."
Etwas verwirrt verläßt der Freund das Haus. Der Botschafter zieht die Frau nun ins Schlafzimmer zurück. Leider gelingt es ihm aber dort nicht, ihr seinen Eumel zu zeigen. Na, dann vielleicht ein andermal.

Noch vor seinem Tod im Jahre 1983 konnte ich von Buñuel eine Antwort auf meine Anfrage erhalten: „Wie hätte der Eumel ausgesehen, falls Don Rafael dazugekommen wäre, diesen der Frau seines Freundes zu zeigen?" Buñuel sandte mir kommentarlos folgende Skizze zu:

Ein Wolpertinger wie im Bilderbuch! Außerdem wissen wir jetzt, daß im Staate Miranda die Wolpertinger „Eumel" heißen.
Herbert Achternbusch, der beliebteste und daher auch vom Bayerischen Staat meistgeförderte Bayerische Filmemacher

begeistert die Öffentlichkeit mit seinen hübsch gemachten Heimatfilmen. Allein die Titel seiner Werke weisen ihn als Einfühlsamen aus:

Das letzte Loch
Der Depp
Der Neger Erwin
Servus Bayern
Das Gespenst

Sein neuer Film „Ein Hund, ein verreckter" beschäftigt sich mit dem Wolpertinger. Es ist zwar in diesem Film keiner zu sehen, aber die Atmosphäre läßt erwarten, daß jeden Augenblick einer hinter der Leinwand hervorschaut oder unter dem Kinosessel an unseren Füßen herumschnuppert. In einem Interview sagte mir Achternbusch über seinen neuen Film, die Titel seiner früheren Filme geschickt in seine Aussage miteinflechtend folgendes:
„Ein Wolpertinger ist ein Hund, ein verreckter, der als das Gespenst überhaupt sogar einen Neger wie Erwin aus dem letzten Loch pfeifen läßt und zu jedem Deppen nur eines sagt: ‚Servus Bayern!'"
Diesem präzisen Kommentar ist nichts hinzuzufügen. Der Film läuft, wenn nichts schiefgeht, in unseren Kinos demnächst an und wird sicher nach zwanzig Wochen die zwanzigste Aufführungswoche hinter sich gebracht haben. Von der bayerischen Filmförderung wurde er übrigens, nicht zu Unrecht, mit stolzen DM 250,85 abzüglich 14% Mehrwertsteuer, gefördert.
Die Tesa-Film-AG bereitet für das Programm Bayern III einen besonders interessanten Film vor, den die Fachwelt mit Spannung und Neugier erwartet. Er wird aus den 10 schönsten bayerischen Filmen zusammengeklebt. Im folgenden der Inhalt des Potpourris. Die eingearbeiteten Filmtitel sind apostrophiert, dahinter in Klammern die Jahreszahl der Entstehung:
Als der „Brandner Kaspar" (1949) sich wie „Der verkaufte

Großvater“ (1962) fühlt und aus diesem Grund „Das sündige Dorf“ (1954) verläßt, um dorthin zu gehen „Wo der Wildbach rauscht“ (1956) und „Almenrausch und Edelweiß“ (1957) noch blühen, gelangt er in die Gegend, wo „Die Martinsklause“ (1951) steht und genießt dort „Das Schweigen im Walde“ (1975), wird aber kurz darauf von „König Ludwig II.“ (1963) entdeckt und ins „Schloß Hubertus“ (1973) gebracht, wo ihm der König an langen Winterabenden befiehlt, seine „Lausbubengeschichten“ (1964) zu erzählen und ihm als Dank für diese Dienste das königlich bayerische Wappentier, einen lebendigen Wolpertinger, auf Lebenszeit überläßt, die allerdings nicht mehr lange währt, weil der Boandlkramer (der Tod) schon vor der Türe steht und nicht gewillt ist, sich ein zweites Mal vom „Brandner Kaspar“ (1949) mittels Schnaps hinters Licht führen zu lassen. Der Titel des Films: „Der Wolpertinger überlebt den Brandner Kaspar.“
Experten erwarten sich von diesem Streifen sensationelle Einschaltquoten und einen Fernsehpreis – nicht den „Bambi“, sondern den „Goldenen Wolpertinger“, der anläßlich der Uraufführung ins Leben gerufen werden soll und mit hundertzwanzigtausend Mark dotiert ist. Es stellt in der Geschichte des Fernsehens überhaupt eine Einmaligkeit dar, daß in einem einzigen, dazu neuen Film gleichzeitig zehn Wiederholungen zur Ausstrahlung kommen. Herzlichen Glückwunsch!
Übrigens beschäftigt man im Bayerischen Fernsehen einen gewissen Bernd Wolpert, der besonders als Ansager in der Bayerischen Rundschau Verwendung findet.

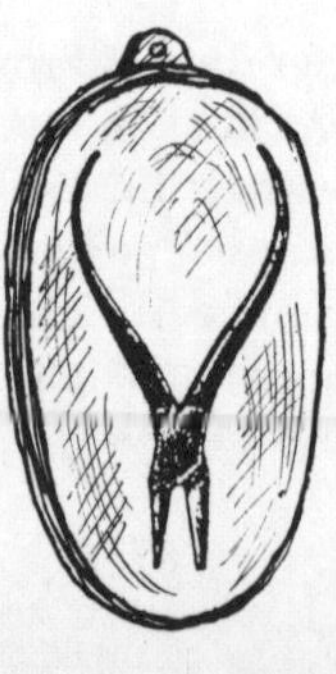

Der Wolpertinger im Sport

„Ohne Wolpertinger gäbe es keine Gymnastik", sagte bereits Turnvater Jahn, der auf seinem Trikot drei große W zu tragen pflegte: „Wippe wie ein Wolpertinger!" Wer die Bewegungsfreude der Wolpertinger und ihre Lust, ständig neue Bewegungsformen zu erfinden, je in freier Natur beobachten konnte, wird unschwer erkennen, daß die Jahngymnastik, die Jazz-Gymnastik und Aerobic ohne diese Wesen undenkbar wären.
Die bayerischen Fußballvereine, allen voran der FC-Bayern und die „Sechziger", pflegten früher beim Training und bei Heimspielen ständig Fußbälle zu verwenden, die aus besonders präpariertem Wolpertingerleder hergestellt wurden. Die großen weltweiten Erfolge unserer Mannschaften lassen heutzutage immer dann auf sich warten, wenn handelsübliche Lederbälle (nicht aus Wolpertingerlederfellen gefertigt!) zum Einsatz kommen. Da Wolpertinger recht selten sind, können natürlich Fußbälle aus ihrem Balg nicht in ausreichender Anzahl gefertigt werden. Vielleicht liegt darin des Rätsels Lösung für eine geplante Wolpertingerzucht. Vorerst ist dies aber eine reine Vermutung.

Wen wunderte es, als am 29. Juli 1984 die prachtvolle, weltweit gerühmte Eröffnung der Olympischen Sommerspiele in Los Angeles stattfand, daß für die Gesamtleitung dieser Mammut-Show ein berühmter Unterhaltungsproduzent verantwortlich zeichnete, der den Namen David L. Wolper trug. Hinter diesem Mr. Wolper steht zweifellos unser bayerischer Urvater, der noch ganz anderes zu leisten imstande ist.

Der Wolpertinger in der Psychologie

Die Psychologie hat sich, wie bekannt ist, der Erforschung des seelischen Erlebens, auch Bewußtsein genannt, des Verhaltens und der sichtbaren Werke und Leistungen des Menschengeistes verschrieben. Sie verwendet dazu als Methoden die Beobachtung, die Beschreibung, das Experiment, die Biographie und den Test.
Wie alle wissen, zeitigten diese Bemühungen schon recht hübsche Ergebnisse und dies nicht nur im Hinblick auf das Seelenleben des Menschen, sondern auch auf das des Wolpertingers.
Denken wir nur an den Behaviorismus, die Verhaltenspsychologie, die seit jeher die Verhaltensweisen von Wolpertingern zu beobachten versucht. J. B. Watson, ihr Begründer, verfaßte diesbezüglich die beeindruckenden Werke „Dürfen wir dem Wolpertinger psychische Qualitäten zuschreiben?" und „Die seelische Entwicklung des Wolpertingers".
Sein berühmtes Experiment von 1920 machte er mit dem kaum einjährigen gesunden Knaben Albert. Ihm wurde eine sehr große Furcht vor Wolpertingern dadurch anerzogen, daß die zunächst angstfreien und spielerischen Kontakte mit dem Tier durch ein sehr lautes, schreckenerregendes, metallisches Geräusch ständig unterbrochen wurden. Schließlich hatte Albert vor dem Wolpertingus bavaricus albinus, W. B. A. richtig Schiß. Also ich wäre da auch verrückt geworden.

M. Wertheimer, der es lieber mit der Gestalt- und Ganzheitspsychologie hält, kommt zu folgenden Ergebnissen, die ich so zusammenfassen möchte:

1. Jede Wahrnehmung eines Wolpertingers ist in den Gesamtzustand unseres Erlebens eingebettet.
2. Gegebenheiten der Wahrnehmung eines Wolpertingers unterliegen einer spontanen Tendenz zur gestalthaften Strukturierung. Benachbarte und ähnliche Gebilde werden zusammengefaßt (zum Beispiel Hase, Gemse, Ente).
3. Wolpertingergestalten heben sich als abgesonderte, umgrenzte, gegliederte, möglichst einheitliche und geschlossene Figuren jeweils von einem unstrukturierten Grund ab (z. B. von einem Gebüsch im Wald).
4. Wolpertingergestalten werden als bedeutungsvoll, sinnträchtig erlebt, z. B. die Erfüllung des Wolpertingers mit mythologischem Inhalt.
5. Schlechte Wolpertingergestalten macht man spontan zu guten.

Kurz: Das Erleben und Verhalten des Wolpertingers hat eine ganzheitliche Struktur und Ordnung. Wie wir sehen, hat sich da M. Wertheimer mächtig ins Zeug gelegt.

Nicht weniger waren die Tiefenpsychologen S. Freud, A. Adler und C. G. Jung vom Wolpertinger angemacht. Zur Erinnerung, Tiefenpsychologie ist der Versuch, Erleben und Verhalten mit tief unbewußten Phänomenen wie dem des Wolpertingers, zu erklären.
Denken wir nur an die Archetypen C. G. Jungs wie den Drachen, die Schlange und den Typ des Wolpertingers, an die Einteilung des Menschen in Über-Ich – Ich – Es, wobei das Ich mit seinen übernommenen Normen des Über-Ichs dem Es mit seinen Triebregungen oft ganz schön auf den Wecker geht. Ganz davon zu schweigen, daß der Wolpertinger immer wieder in unseren Träumen aus dem Unbewußten heraufzudrängen versucht. Alles recht und schön, aber in diesem Buch ist für Schweinereien kein Platz, selbst wenn sie noch so tiefenpsychologisch sind.
Schließen wir dieses komplizierte Kapitel kurz und schmerzlos und überlassen Sigmund Freud das letzte Wort. Er schrieb:

„Wir mögen noch so oft betonen, der menschliche Intellekt sei kraftlos im Vergleich zum Triebleben (des Wolpertingers), und recht damit haben. Aber es ist doch etwas Besonderes um diese Schwäche; die Stimme des Intellekts ist leise, aber sie ruht nicht, ehe sie sich Gehör verschafft hat. Am Ende, nach unzählig oft wiederholten Anweisungen, findet sie es doch." Ob Freud damit recht hat? Wir wollen es ihm von Herzen wünschen.

Der Wolpertinger in der Philosophie

Jedem Philosophen ist klar: Das philosophische Problem des Tiers ist die Tierseele. Wir wollen nicht soweit gehen wie Lao-tse, der behauptet: „Der Wolpertinger ist die Mutter der zehntausend Dinge" oder wie Protagoras, der auftrumpft: „Der Wolpertinger ist das Maß aller Dinge." Wir können aber andrerseits auch nicht dem Nominalismus zustimmen, der einschränkt:
„Zehn Wolpertinger sind nicht zehn Wolpertinger-Wesen, sondern nur zehn ähnliche Gebilde, die wir, oberflächlich kategorisierend, so nennen."
Hingegen pflichten wir Thomas von Aquin bei, der fordert: „Suum cuique, sed crisenso crisenso maxime!", d. h.: Jedem das Seine, aber dem Wolpertinger das meiste!
Kierkegaards Worte liegen auch heute noch im Dunkeln: „Die Angst vor dem Wolpertinger ist das Schaudern vor dem Sprung in die absolute Entscheidung."
Jaspers trägt etwas zur Aufhellung bei, indem er schonungslos formuliert: „Der Mensch naht sich dem transzendenten

(bewußtseinsübersteigerten) Wolpertinger, der sich in verschlüsselter Weise als Chiffre (Geheimzeichen) zeigt, ohne je sich selbst zu zeigen."
Heidegger präzisiert Jaspers: „Jedes Seiende (also auch der Wolpertinger) hat Anteil am Sein. Es ist das Dasein, dem es um sich selbst geht. Seine Grundweise ist die Sorge, seine Grundbefindlichkeit die Angst. So wie der Apfel apfelt, so wolpertingert der Wolpertinger."
A. Camus kontert geschickt: „Das Absurde entsteht aus der Gegenüberstellung des Menschen (Bayern), der fragt, und dem Wolpertinger, der vernunftwidrig schweigt."
Ernst Bloch gibt in seinem Hauptwerk „Das Prinzip Hoffnung" dieselbe nie auf, doch noch einen Wolpertinger zu sehen, was ihm, wie jeder weiß, letztendlich dann doch nicht gelingen sollte.

Stimmen wir am Ende dieses Streifzuges durch die Welt der Philosophie mit Nietzsche in den Triumphgesang ein:

„O Mensch! Gib acht!
Was spricht die tiefe Mitternacht?
ermahnend hebend ihren
schwarzen Zeigefinger?
Ja, alle Lust will Ewigkeit –,
will tiefe, tiefe Ewigkeit –.
Ihr fragt, woran Lust? –
Dumme Frage! – Lust am Wolpertinger!"

Der Wolpertinger im Luft- und Weltraum

Es gehört zum Allgemeinwissen eines jeden Bayern, daß es, wenn auch nur noch in geringer Zahl, fliegende Wolpertinger, die sogenannten Flupertinger gibt.
Ihr Flugverhalten beeinflußte die flugtechnische Entwicklung nicht unwesentlich. Überschallflugzeuge, Radarschirme und Senkrechtstarter, um nur einige Beispiele zu nennen, verdanken ihre Entstehung der genauen Beobachtung der Flupertinger.
Die Erforschung dieser Tiere ist noch nicht am Ende, und auf dem Flughafen München-Riem wird ihnen deshalb auch ununterbrochen Start- und Landeerlaubnis erteilt.
Wie sagte doch Wernher von Braun bereits vor achtzehn Jahren so treffend und weitblickend:
„Ohne das Studium des Flupertingers in Bayern wäre die Luftfahrt heute nicht dort, wo sie ist und wird sie in Zukunft nicht dort sein, wo sie sein wird."
Vor der bemannten Raumschiffahrt wurden mehrere Hunde in den Weltraum geschickt. Der berühmteste von ihnen war der russische Hund Laika in Sputnik 2, der am 3. November 1957 in die Erdumlaufbahn eingeschossen wurde.
Wie vom Amerikanischen Geheimdienst erst jetzt bekanntgegeben, gelang es der UdSSR drei Wolpertinger aus Bayern hinauszuschmuggeln, die auf die Flüge von Sputnik 6, 7, 8 mitgeschickt wurden.
Die für den bemannten Raumflug erbrachten Aktivitäten von Schorschl, Xaver und Gustl, wie die drei Wolpertinger hießen, waren beispiellos.
Jeder kennt die ersten Worte des ersten Mannes auf dem

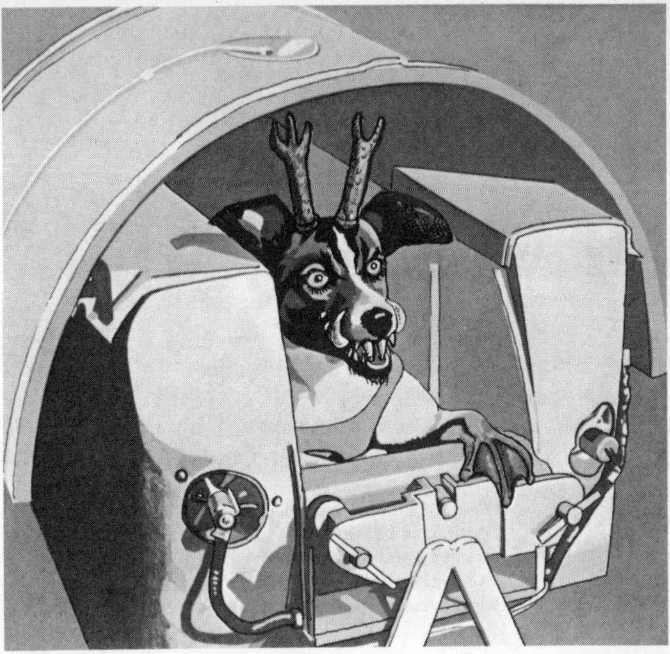

Sputnik 7 mit Wolpertinger „Xaver"

Mond, des Astronauten Neil Armstrong, die dieser nach dem Betreten des Mondes am 20. Juli 1969 äußerte:
„Ein kleiner Schritt für die Menschen, aber ein gewaltiger Sprung für die Menschheit . . ." Sein unmittelbar darauf gesprochener Satz war durch eine – zufällige? – Funkstörung nicht deutlich zu verstehen. Er lautete:
„. . . Ohne die Vorarbeiten der Wolpertinger aus Bayern wäre mein Fuß jetzt nicht da, wo er steht. Wolper-Heil! Tinger-Dank!"
Es darf als Kulturschande höchsten Ranges bezeichnet werden, daß diese Worte fünfzehn Jahre nach diesem Weltereignis der Allgemeinheit in diesem Buch erstmals bekanntgegeben werden dürfen.

Die Wolpertingerjagd

Eines der ältesten Wolpertinger-Fanggeräte ist in der Ritterfeste Coburg ausgestellt. Es handelt sich dabei um ein Schießbeil aus dem Jahr 1756. Dieses Beil mit einer Schießvorrichtung wurde folgendermaßen gehandhabt. Spürte ein Jäger einen Wolpertinger auf, schoß er mit der lautknalligen Waffe in die Luft. Vor dem Schuß erschrak der Wolpertinger derart, daß er sich auf den Rücken warf und in erstarrter Haltung, die vier Beine in die Luft gestreckt, wie leblos liegen blieb. Der Jäger konnte ihn nun mit dem Beil erschlagen, wobei das Fell unbeschädigt blieb im Gegensatz zur Erschießungsmethode. Eine grausame Jagdweise, auf die wir heutzutage zum Glück völlig verzichten können.

Auch der Gnackschnapper (das ist der Genickfesthalter), ein Gerät, das stark einem Stiefelknecht ähnelt, ist heute nicht mehr in Gebrauch und war auch im 18. Jahrhundert nicht lange in Mode. Das lag zum Teil an der rapide fortschreitenden Intelligenzentwicklung der Wolpertinger, die nicht mehr in diese Falle hereintappen wollten. Die Fänger gingen nämlich von der Annahme aus, daß Wolpertinger sehr neugierig sind. Kommt ein Wolpertinger an den Gnackschnapper heran, steckt er wißbegierig seinen Kopf in die oben verjüngte Ausbuchtung. Will er nun seinen Kopf wieder herausziehen,

bleibt er stecken, da sich der Schädel in der Mitte verbreitert. Daran, ihre Köpfe nach vorne zu bewegen, und sich auf diese Weise aus der Fangöffnung zu befreien, dachten die damals lebenden Wolpertinger infolge ihrer noch eingeschränkten Intelligenz natürlich in den seltensten Fällen. Allerdings sprach sich die Befreiungsmethode mit den Jahren dann doch herum, und der Gnackschnapper büßte seine Wirksamkeit in Kürze fast gänzlich ein.

„Wolpertinger-Fallenstellen", 1984
erstmals als olympische Disziplin zugelassen.

Auch die Kerze aus Bienenwachs mit dem Fangsack gehört ebenso wie die Fangkeule und die Fangschlinge in der Wolpertingerjagd sicher bald schon der Vergangenheit an. An ihre Stelle treten die von Prof. v. V. e. (vom Volke ernannt) Rothern Stel entwickelte WoFaZu = Wolpertinger Fang- und Zuchtmaschine und das NaWoFa = Nato-Wolpertinger-Fanggerät.
Die durch die Wolper-AG entwickelte Fangmaschine sei hier

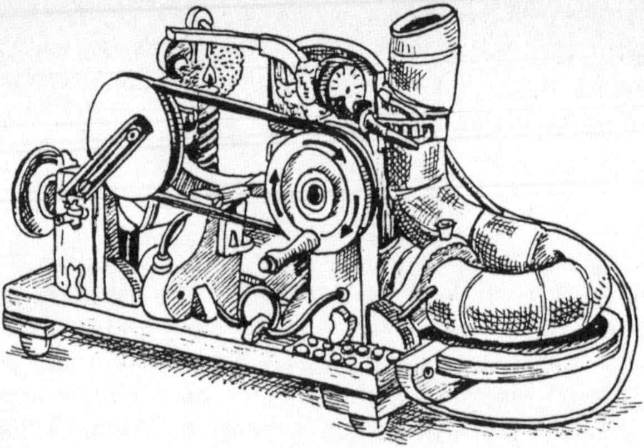

zum ersten Mal einer breiteren Öffentlichkeit vorgestellt. Geräteteile und Funktionsweise der NaWoFa sind von genialer Einfachheit und von einer den Wolpertinger geradezu liebevoll schonenden Art und Weise (Bild Seite 93).

Die Hochfrequenzantenne 1 ortet den Standort eines Wolpertingers. Sobald die rückflutenden Wellen einen Fund melden, leitet der Generator 2 die Nachricht durch den Kompressor 3 weiter. Die Schwarzlichtlampe 4 beginnt nun zu leuchten, wobei gleichzeitig der Sender 5 einen weitreichenden Lockton von sich gibt. Der Sender 5 wird durch das Makroskop 6, das Sonnen- oder Mondlichtstrahlen auffängt, stimuliert.
Der Wolpertinger A nähert sich nun völlig entspannt dem Fanggerät, angelockt durch das Schwarzlicht 4 und den Locksender 5. Dies meldet die Hochfrequenzantenne 1 sofort zum Vibrator 7 weiter, der daraufhin den Lachsack 8 und den Sexsack 9 fröhliche respektive erregende Töne von sich geben läßt. Der Wolpertinger A nähert sich nun den beiden Säcken und fällt durch die Geräusche von 8 und 9 in eine Art Trance. Dieser Zustand wird noch intensiviert, indem ein Sauger 10 behutsam auf den Rücken des Wolpertingers herabgleitet und sich dort sanft festsetzt, wobei er die Schwingungen von

4, 5, 8 und 9 unmittelbar auf den Organismus des gejagten Wesens überträgt.
In diesem Starrezustand kann nun jeder Jäger gefahrlos das Tier ergreifen und in einen bereitgestellten Käfig setzen, wo es erst nach etwa zehn Minuten aus der Betäubung erwacht. Das Besondere aber ist, daß der Sauger 10 gleichzeitig die Energie des Wolpertingers zu speichern vermag und diese durch die Leitung 11 zum Generator 2 und Kompressor 3 weitergibt, so daß sich das Fanggerät seine Funktion ohne weitere Energiezufuhr erhalten kann. Betriebskosten fallen dementsprechend keine an. Der Kaufpreis von DM 56.000.– ist im Augenblick allerdings zugegebenermaßen noch etwas hoch, wird sich voraussichtlich jedoch um ca. 25% senken, wenn das Gerät in etwa zwei Jahren in Serie geht.

Die Tierkreiszeichen des Wolpertingers

Astronomen, die bis heute glaubten, alle Sternbilder unseres Himmels zu kennen, müssen seit dem 6. 12. 1985 eine winzige Information dazulernen. Zu diesem Zeitpunkt entdeckte nämlich der bayerische Astronom Dr. Carbolineum Ranzengruber von der Sternwarte Hugelhapfing gegen 21.30 Uhr am Nordsüdlichen Sternenhimmel zwischen dem Sternbild des Schützen und dem Sternbild des Skorpions eine äußerst schwach schimmernde Ansammlung von elf Sternen, denen er nach ihrem Aussehen den Namen „Sternbild des Wolpertingers“ gab. Wie Dr. Ranzengruber herausfand, zeigt sich dieses Sternbild nur dreimal im Jahr äußerst schwach und

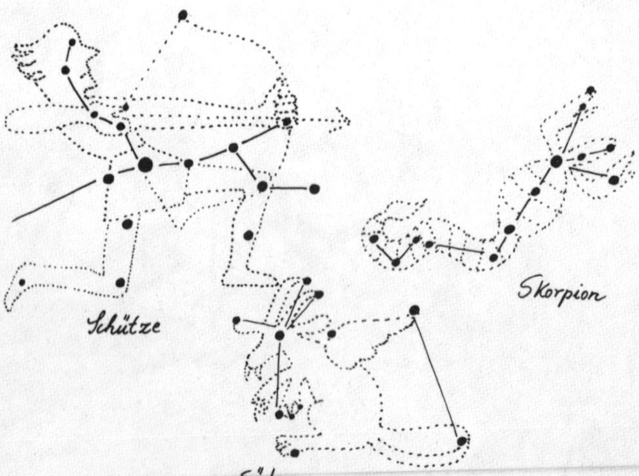

zwar am 6. Dezember, am 1. April und am 11. Mai. Ansonsten verschwindet es. Dieser Heimlichkeit und Versteckheit wegen verdient es zu Recht den Namen „Wolpertinger".
Leute, die an den genannten Daten Geburtstag feiern, müssen demzufolge ihr Tierkreiszeichen korrigieren. Sie sind nicht mehr im Zeichen des Widders, Stieres oder Schützen geboren, nein, ab dem 6. 12. 85 in dem des Wolpertingers.
Die Eigenschaften, welche die in diesem Zeichen Geborenen haben, sind mit den Eigenschaften, die dem Wolpertinger zugeschrieben werden, identisch, also:
zurückgezogen lebend, vermischungsfreudig, großes Durchsetzungsvermögen, erstaunliche Vielseitigkeit, mutig, scharfen Blick für das Wesentliche, verspielt, kinderlieb, besitzhortend, bodenständig, lange geduldig, schwer reizbar.
Um die negativen Seiten nicht zu verschweigen:
nicht selten hinterfotzig, explosiv, aggressiv, reisefaul, lauernd, tratz- und frotzelfreudig, sparsam bis zum Geiz, sammelwütig, schwindelt gern, ausschweifend, unbeherrscht – dies nur die übelsten Eigenschaften.

Zu guter Letzt oder Aus is' und gar is'!

Wohin Wolpertinger? – Diese Frage zu beantworten fällt auch am Ende dieses inhaltsreichen Buches noch schwer. Aber eines steht fest:
Irgendwohin wird es mit ihm gehen! Wir forschen jedenfalls weiter, was das Zeug nur hergibt, und laden alle Wolpertingerfreunde dazu recht herzlich ein. Und nun der allerletzte Wolpertinger für heute.
Dieser „Heitadopfa-Trud"-Wolpertinger regte den Oberförster Michl Trenker zu dem kraftvollen, immer wieder zitierten Ausspruch an: „Mei Liaba, der Bursch hot Feier unterm Arsch!"
Wer von uns wird es dem Michl verdenken, daß er sich zu derart herzhaften Worten hinreißen ließ, zumal wir uns doch auch recht häufig bei ähnlichen Gedanken ertappen.
In diesem Sinne viel Glück im Alltag – mit dem Zuruf „Woper – Heil! Tinger – Dank"

wünscht Ihnen Ihr

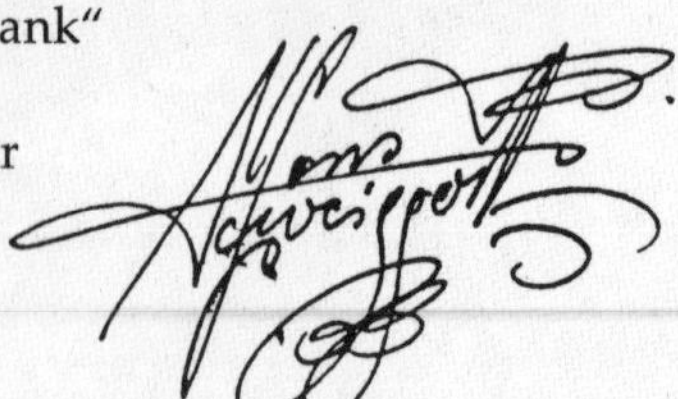